মনের মানুষ

সৃষ্টি পাহাড়ি

যে সবসময় পাশে থেকেছে

বিষয়বস্তু

ভূমিকা

ভালোবাসা কি দূরত্ব বাড়ায়,
নাকি চলে যাওয়ার বাহানা বানায়?
ভালোবাসা কি সত্যি দূরত্ব তৈরি করে? আলাদা করে কখনো এক হয়ে যাওয়া দুটো মন? নাকি দূরে গেলে এত গাঢ় হয় ভালোবাসা? দূরত্ব আর অবহেলার বাঁধন কাটিয়ে কি জিততে পারবে ভালোবাসা?

কবি পরিচিতি

২০০৪ সালের ২৯ ডিসেম্বর পশ্চিম মেদিনীপুর জেলার মেদিনীপুরে জন্ম। বর্তমানে দ্বাদশ শ্রেণীর ছাত্রী। শখের বসে লেখালেখি করা,সেখান থেকেই জন্ম সাহিত্যের।

১

মনের মানুষ

" মে আই কাম ইন?" ফোর্থ ইয়ারের ক্লাসের সামনে দাঁড়িয়ে হাঁপাতে হাঁপাতে বললাম। ভেতরে ধ্রুব এটেন্ডেন্স নিচ্ছিল,থেমে গিয়ে আমার দিকে তাকিয়ে বলল: লেট কেন?

ধ্রুবর গম্ভীর কন্ঠ শুনে আমি তোতলাতে শুরু করলাম, বললাম: আ..আসলে স..স্যার, ট্রা..ট্রাফিক ছিল।

ধ্রুব আর কোন প্রশ্ন করল না, গম্ভীর স্বরেই বলল: কাম ইন।

আমি ভেতরে ঢুকে বসে পড়লাম, ধ্রুব এটেন্ডেন্স নেওয়া শেষ করে পড়াতে শুরু করল।

ধ্রুব, কলেজে স্যার হলেও,কলেজের বাইরের জগতে আমরা দুজন দুজনকে ভালোবাসি, আর সম্পর্কের বয়স-ও নয় নয় করে দেড় বছর হয়ে গেল। কলেজের বাইরে আমি ওকে ধ্রুব বলেই ডাকি। কলেজে অবশ্য দুজন দুজনের সাথে নির্দিষ্ট দূরত্ব বজায় রাখি, যাতে কেউ কোন রকম সন্দেহ না করতে পারে। কলেজে খবরটা ছড়ালে হয়ত ধ্রুবকে কলেজে কথা শুনতে হবে,তাই-ই এমন ব্যাবস্থা।

ওহ,আমার পরিচয়টা তো দেওয়াই হয়নি। আমি পৃথা,পৃথা সাউ। মা বিভা সাউ,বাবা গৌতম সাউ। কেমিস্ট্রিতে অনার্স করছি। কলেজেই ধ্রুবর সাথে প্রথম পরিচয়,তারপর কি করে জানি আমার ওকে ভালো লেগে গেল। পরে যখন ও আমাকে প্রপোজ করেছিল তখন জানতে পেরেছিলাম ওর-ও একই অবস্থা।

ঘন্টা পড়ার শব্দে আমার অন্যমনস্কতা কেটে গেল| ক্লাস শেষে এটেন্ডেন্স-এর খাতাটা স্টাফ রুমে পৌঁছে দেওয়া আমার কাজ| ধ্রুব বেরিয়ে যেতে আমিও খাতাটা নিয়ে বেরিয়ে স্টাফ রুমের সামনে গিয়ে দাঁড়ালাম| ধ্রুব মনে হয় আমার-ই অপেক্ষায় বাইরে দাঁড়িয়ে ছিল| আমার হাত থেকে খাতাটা নিয়ে বলল: কলেজ শেষে ব্রিজের কাছে দাঁড়াস, আমিও পৌঁছে যাবে ঠিক|

কথাটা শেষ করেই ও ভেতরে ঢুকে গেল, আমিও মাথা নাড়তে নাড়তে ফিরে এলাম| রুমে ঢুকতে যাব, এমন সময় " পৃথা...." ডাক শুনে ঘরে তাকালাম| দেখলাম পাশের রুম থেকে বেরিয়ে বিপাশা ডাকছে আমাকে| আমি থমকে গিয়ে ওর কাছে গিয়ে বললাম: বল|

বিপু: স্টাফ রুম থেকে এলি বুঝি?

বিপু আমার আর ধ্রুবর ব্যাপারটা জানে| আমার গালটা সামান্য লাল হয়ে উঠল, আমি বললাম: হম্ম|

বিপু কৌতুক জড়ানো গলায় বলল: হম হম|

আমি: ধুস! ক্লাস নেই তোর?

"আছে তো, কিন্তু স্যারের মন কি আর আমাদের ক্লাসে বসে? তার মন তো শুধুই পাশের ক্লাসে উঁকি ঝুঁকি মারে..." সুর টেনে বলল বিপু|

আমি: ধ্রুব স্যারের ক্লাস তোদের?

বিপু: হম্ম|

আমি কিছু বলার আগেই সিঁড়িতে পায়ের শব্দ শোনা গেল| বুঝলাম ধ্রুব আসছে| বিপু দৌড়ে ক্লাসে ঢুকল, সাথে আমিও|

আমাদের এ সময় ম্যাথের ক্লাস ছিল, যদিও ক্লাস অফ গেল, স্যার সম্ভবত আসেননি| স্যার আসবে না বুঝতে পেরে আমরা টেবিল বাজিয়ে গান গাওয়া শুরু করলাম...

" দেখো বলে গেল সন্ধ্যে আজো,

তুমি ফুলেদের গন্ধে আছো..."

" স্টপ ইট!" একটা গম্ভীর কিন্তু জোর গলার চিৎকারে আমরা সবাই চুপ করে গেলাম| কয়েক সেকেন্ড লাগল আমার ব্যাপারটা বুঝতে| ধ্রুব যে পাশের ক্লাসে আছে সেটা আমি ভুলেই গিয়েছিলাম| আমি উঠে দাঁড়িয়ে সামনে ঘুরে মাথা নিচু করে দাঁড়ালাম|

" কি ভেবেছ তোমরা এটা? কলেজ না কনসার্ট করার জায়গা? এত প্রেম যখন ঘরে বসে গান করবে, এখানে কলেজে এসে বিশৃঙ্খলা সৃষ্টি করবে না| সব কটার এটেন্ডেন্স ক্যানসেল করে দেব, পরীক্ষায় বসতে পারবে না আর|

এটা কলেজ,..." বলতে বলতে থেমে গেল ধ্রুব| রাগে ওর রগ গুলো ফুলে ফুলে উঠছে| আমরা অবশ্য কিছুই বললাম না,ধ্রুব চুপ করে বেরিয়ে গেল| আমরা আর চিৎকার না করে চুপচাপ নিজের জায়গায় বসে রইলাম| কিছু সময় পরই ক্লাস শেষ হয়ে গেল,আমি বেরিয়ে করিডরে এসে দাঁড়ালাম| ধ্রুব বেরিয়ে গেছে কিছু আগেই,বিপাশাও বেরিয়ে এলো মিনিট দুয়েক পর| বলল: কি রে,বকা খেয়ে কেমন লাগল?

আমি: ধুর বাদ দে তো, মি. গুরুগম্ভীর!

বিপাশা: হম হম,বুঝলাম|

আমি: তা নিলয়দার খবর কি? কলেজ আসেনি?

বিপাশা: না...কোথায় যেন একটা গেছে|

আমি: ও আচ্ছা| এই জানিস...

বিপাশা: না জানিনা...কি?

আমি: কনক আসছে|

বিপাশা: কি! কবে!

আমি: সম্ভবত আজই| ওর বাবার আবার বদলি হয়ে গেছে|

বিপু: এখান থেকেই আমেরিকা গেল,আবার সেখান থেকে এখানেই|

আমি: হম্ম|

বিপু: এবার তুই আমাকে ভুলে যাবি,বেস্ট ফ্রেন্ড এসে যাচ্ছে তোর..

আমি হেসে ওর দিকে তাকিয়ে বললাম: ধুস!

বিপু কিছু বলার আগেই সিঁড়ির দিকে তাকিয়ে দেখলাম বৈশালী ম্যাম আসছেন, আমি দৌড়ে গিয়ে রুমে ঢুকলাম,বিপুও চলে গেল|

বৈশালী ম্যাম এসেই সবাইকে দাঁড় করিয়ে রেখে বললেন: তোমাদের নামে কিন্তু আমি কমপ্ল্যান পেয়েছি| তোমরা অফ পিরিয়ড চিৎকার করছিলে| তোমাদের এমন করতে বারণ করেছি না?

সামনের বেঞ্চ থেকে একজন আমাদের দিকে আঙুল দেখিয়ে বলল: ম্যাডাম ওরা গান গাইছিল|

আমার ভীষণ হাসি পেল,বহু কষ্টে সেটাকে সম্বরন করে নিলাম, কেমন বাচ্চাদের মত অভিযোগ করছে!

বৈশালী ম্যাম অবশ্য কথাটা শুনে একটু খুশি হলেন বলেই মনে হলো| ওনার আমার ওপর একটা অযথা আক্রোশ আছে,যদিও সেটার কারণ আমি জানিনা| উনি আমার ডেস্কের সামনে এসে আমার দিকে তাকিয়ে তির্যক মন্তব্য করলেন: ওই জন্য চিৎকার মনে হচ্ছিল...

আমি কিছু বললাম না,বুঝলাম কথাটা আমাকেই বলা| উনি এগিয়ে গিয়ে চক তুলে পড়ানো শুরু করলেন,আমরাও সুযোগ বুঝে বসে পড়লাম|

ব্রেক পিরিয়ডের ঘন্টা পড়তে ম্যাম বেরিয়ে গেলেন| আমার পাশে ঋত্বিকা বসেছিল,ওকে ল্যাব কোট বার করতে দেখে বুঝলাম ব্রেকের পর প্রাকটিক্যাল ক্লাস আছে| আমার সাথে সাথে মাথায় হাত পড়ল, আমি আনিনি এপ্রোন! আমি দরজার দিকে তাকিয়ে দেখলাম বিপু দাঁড়িয়ে আছে,আমি ওর দিকে তাকিয়ে বললাম: ল্যাব কোট এনেছিস?

বিপু অবাক হয়ে বলল: না....আজ তো আমাদের প্র্যাকটিক্যাল নেই| তুই আনিসনি?

আমি ঠোঁট উল্টালাম,যার অর্থ না|

বিপু: স্যারকে জিজ্ঞাসা কর এইচ. আর. এসেছে কি না| যদি না আসে,তাহলে বেঁচে গেলি আজ|

আমি: হম্ম,দ্বারা জিজ্ঞাসা করি|

আমি রুমে গিয়ে ব্যাগ থেকে ফোনটা বার করে ধ্রুবকে মেসেজ করলাম| ও অন-ই ছিল,কয়েক সেকেন্ড পর রিপ্লাই করল: হম্ম এসেছে,কেন?

আমি: আমি ল্যাব কোট আনিনি??

ধ্রুব: বিপাশাকে জিজ্ঞাসা করে দেখ?

আমি: ও-ও আনেনি,ওর প্র্যাকটিক্যাল নেই আজকে?

ধ্রুব: দাঁড়া দেখছি,তুই না!?

আমি: হম্ম?

ধ্রুব অফ হয়ে গেল,বিপু পাশেই দাঁড়িয়ে ছিল,বলল: কি হলো?

আমি: দেখছে বলল| চল ক্যান্টিন থেকে কফি খেয়ে আসি|

বিপু: না,একদম নয়|

আমি ভ্রূ কুঁচকে বললাম: কেন?

বিপু: তোর না মাইগ্রেন আছে? কফি খাবে,কত শখ!

আমি: উফফ একদিন তো|

বিপু: না,না, একদিন-ও নয়,তোর জন্য স্যার আমাকে বকবে|

আমি: আচ্ছা ঠিক আছে|

আমাদের কথার মাঝেই জুনিয়র ক্লাসের একটা ছেলে আমাদের দিকে এগিয়ে বলল: পৃথা সাউকে একটু ডেকে দেবেন?

আমি একটু অবাক হয়ে বললাম: আমিই পৃথা,বলুন|

ছেলেটা একটা এপ্রোন আমার দিকে এগিয়ে দিয়ে বলল: এটা আপনার বাড়ির লোক পাঠিয়েছে, ধ্রুব স্যার আমাকে দিয়ে দিতে বললেন|

আমি এপ্রোনটা নিতে নিতে বললেন: থ্যাংক ইউ|

ছেলেটা মাথা নেড়ে "ওয়েলকাম" বলে মাথা নাড়তে নাড়তে তরতরিয়ে নীচে নেমে গেল| আমি ল্যাব কোটটা খুলতেই গলার কাছে কোম্পানির ট্যাগটা চোখে পড়ল| বুঝলাম ধ্রুবর নিজের ল্যাব কোট এটা| বিপুকে সেটা বলতেই ও বলল: হম হম, বুঝি ?|

আমি: হম, হম সব বুঝিস তুই?

বিপু: আচ্ছা এবার তো ক্যান্টিনে যাবি, নাকি? খিদে পেয়েছে আমার|

আমি: দাঁড়া এটা রেখে দিয়ে আসি|

আমি এপ্রোনটা ব্যাগে ঢুকিয়ে বেরিয়ে বিপুর সাথে ক্যান্টিনে চলে গেলাম| এটা না ওটা না করে শেষ অব্দি ডিম টোস্ট আর চা খেয়ে ফিরে খেলাম| চা-কফি খাওয়াটা আমার নেশার মত, যদিও কফি খেতে পারিনা খুব একটা|

রুমে এসে ব্যাগ ঠিক ল্যাব কোট বের করতে করতে স্যার চলে এলেন| আমরা সবাই স্যারের পেছনে ল্যাবে গিয়ে ঢুকলাম| এটেন্ডেন্স নেওয়া শেষ হতে হতে আরো কিছুটা সময় গেল| তারপর শুরু হল আমাদের বিকারের সঙ্গে যুদ্ধ| খানিক্ষণ এটার সাথে ওটা মিশিয়ে অদ্ভুত অদ্ভুত রং তৈরি করতে করতে গেল| তারপর সবাই সবারটা নিয়ে দেখতে লাগলাম, কারোর সাথেই যে কারোরটা মেলেনি! স্যার এসে সবারগুলো দেখে বললেন কারোরটাই নাকি হয়নি| উনি একটা টেস্ট টিউব তুলে নিয়ে বিক্রিয়াটা করে দেখালেন| তারপর বললেন: প্রাকটিক্যাল বুকে নোট করে নেবে সব, পারলে কালকের মধ্যেই| আমাকে দিয়ে চেক করে নিও হয়ে গেলে|

বলেই বেরিয়ে গেলেই উনি, আমরাও ল্যাব কোট খুলে রুমের দিকে পা বাড়ালাম| পরের ক্লাসগুলো হই-হল্লোড় করেই কেটে গেল| ছুটির পর কলেজ থেকে বেরোতেই ধ্রুবর কথা মনে পড়ল| সামান্য হেসে ব্রিজের দিকে পা বাড়ালাম|

ব্রিজে পৌঁছে দেখলাম ধ্রুব আগেই পৌঁছে গেছে, ব্রিজের রেলিং ধরে দাঁড়িয়ে আছে| আমি ওর বাইকের ওপর ব্যাগটা রেখে দিয়ে ওর পাশে গিয়ে দাঁড়ালাম| ধ্রুব আমাকে দেখে হাসল, বলল: দেরি হলো?

আমি: একটাও অটো পাইনি, পুরোটা হেঁটে আসতে হলো|

ধ্রুব: বুঝলাম|

" যাওয়ার সময় এপ্রোনটা নিয়ে যেও মনে করে| নাহলে বৈশালী ম্যাম আবার.."

বলতে বলতে আমি মুখ টিপে হাসলাম| ধ্রুব কিছুটা বিরক্ত হয়েই বলল: হস!

আমি জানি ধ্রুব বিরক্ত হয়,তবুও আমার ওকে জ্বালাতন করতে বেশ ভালো লাগে| ধ্রুব বলল: তারপর, কি চলছে?

আমি: চলছে এই|

ধ্রুব: এদিকে তাকা,দেখ সূর্যাস্তটা কত সুন্দর!

আমি সামনের দিকে তাকালাম,সত্যিই নদীর জলে রঙের খেলা খুব সুন্দর লাগছে|

আমি: ভালোবাসলে জীবন-ও এমন সুন্দর হয় জানো?

ধ্রুব গলায় কিছুটা কৌতুক মিশিয়ে বলল: তাই?

আমি সরু সরু চোখে ওর দিকে তাকিয়ে বললাম: একদম না|

ধ্রুব হেসে বলল: হম হম|

আমি কিছু বলার আগেই আমার ফোনটা বেজে উঠল,দেখলাম কনক| আমি ফোনটা কেটে দিতে গেলে ধ্রুব বলল: কাটতে হবে না,কথা বলে নাও|

ধ্রুব কনকের কথা প্রায় সবই জানে,শুধু ও যে দেশে ফিরেছে এটা জানেনা| আমি মাথা নেড়ে কলটা রিসিভ করলাম|

কনক: কিরে,কোথায় আছিস?

আমি: এই কলেজ থেকে বেরোলাম,তুই হঠাৎ এমন?

কনক: আমরা এই ঘর ঠিকঠাক করে থিতু হলাম|

আমি: বাহ|

কনক: আচ্ছা শোন না,একটা হেল্প করতে পারবি?

আমি: হম্ম বল|

কনক: আমাকে এখানে কোন একটা কলেজে ভর্তি করে দেওয়ার ব্যবস্থা করে দে না| কোন কলেজই মনে হয় এই মাঝখান থেকে আমাকে ভর্তি নেবে না| তুই একটু ধ্রুবদাকে বলে দেখ না...

কনক ধ্রুবদার কথা সবই জানে| আমি বললাম: আচ্ছা দেখছি|

কনক: আচ্ছা এখন রাখছি রে,বাই|

আমি: বাই|

আমি কলটা ডিসকানেক্ট করে ধ্রুবর কাছে গিয়ে বললাম: একটা হেল্প করবে?

ধ্রুব: হম বল|

আমি: কনক কলেজে এডমিশনের জন্য বলছিল..এখন তো মাঝখান থেকে ওকে কোন কলেজেই ভর্তি নেবে না| তুমি যদি একটু কলেজে বলে দেখো,যদি হয়...

ধ্রুব: আচ্ছা দেখছি দাঁড়া আমি....ওকে কাল একবার ডকুমেন্টস নিয়ে কলেজে আসতে বলিস|

আমি: আচ্ছা|

সন্ধ্যে নেমে গেছিল,আমি ব্যাগ থেকে এপ্রোনটা বার করে ব্যাগটা কাঁধে নিয়ে এপ্রোনটা ধ্রুবর হাতে দিয়ে বললাম: আমি তাহলে যাই এখন?

সন্ধ্যে হয়ে গেল তো...

ধ্রুব: আচ্ছা...সাবধানে যাস|

আমি রাস্তায় নামতেই একটা অটো পেয়ে গেলাম| মিনিট দশেক পরে ঘরে ঢুকে ফ্রেস হয়ে বিছানায় গা এলিয়ে দিলাম| মাকে খাবার দিতে বলে কনককে ফোন করে বললাম: কাল একবার ডকুমেন্টসগুলো নিয়ে কলেজে চলে যাস|

কনক: কোন কলেজে?

আমি: আরেহ আমাদের কলেজে|

কনক: ধ্রুবদা কিছু ব্যাবস্থা করে দেবে বলেছে?

আমি: হম্ম বলল তো|

কনক: আচ্ছা বেশ,যাব|

কনক ফোনটা কেটে দিতে আমি বিছানা থেকে উঠে নীচে খাবার টেবিলে গিয়ে বসলাম| মা খাবার বেড়ে রেখেছিল,আমি কথা না বাড়িয়ে খেতে শুরু করলাম| মা বলল: কি রে দেরি হলো যে?

আমি: কাজ ছিল|

মা: আচ্ছা বুঝলাম|

আমি খেতে খেতে বললাম: বাবা কবে আসবে?

মা: চলে আসবে কাল পরশু|

আমি: বুঝলাম|

মা: কেন? কোন দরকার আছে?

আমার খাওয়া শেষ হয়ে গেছিল,আমি মাথা নাড়তে নাড়তে বললাম: না না,তেমন কিছু নয়|

ঘরে এসে বই খাতা খুলে বসলাম| যদিও কয়েক মিনিটের মধ্যেই উদ্ধার করলাম ক্লাসের কিছুই আমার মাথায় ঢোকেনি| খানিক্ষণ এ পাতা-ও পাতা

করে শেষ অদ্দি নিরুপায় ভাবেই ধ্রুবকে ফোন করলাম|

ধ্রুব কয়েকবার রিং হওয়ার পরই কল রিসিভ করল|

ধ্রুব কোনদিনই ফর্মালিটির ধার ধরে না,বলল: হম বল|

আমি: ব্যস্ত আছো?

ধ্রুব: না,কেন?

আমি: ক্লাসে যা পড়িয়েছ আরেকবার বলে দাও|

ধ্রুব: ক্লাসে কি করছিলি?

আমি: তোমাকে দেখছিলাম|

আমার উত্তর শুনে ধ্রুব আর কিছু বলল না,বলল: বই খুলে বস,বলে দিচ্ছি|

আমি বই খুলেই রেখেছিলাম,বললাম: বলো|

ধ্রুব যতটা পারে অল্প কথায় আমাকে বুঝিয়ে দিলো| কথা শেষ হওয়ার পর বলল: কিরে,বুঝতে পেরেছিস?

আমি: হম্ম|

ধ্রুব: যাক,শুনেই আমার কান দুটো ধন্য হয়ে গেল|

আমি: কেন? আমি কি কিছু বুঝি না?

ধ্রুব: না না তা নয়...

আমি: থাক আর বলতে হবে না|

ধ্রুব: আচ্ছা কনকের সাথে কথা হয়েছে? কিছু বলল?

আমি: হম্ম,বলল যে কাল যাবে কলেজে|

ধ্রুব: বুঝলাম|

আমি থানিক্ষণ চুপ করে রইলাম| ধ্রুব আবার বলল: এখন রাখি?

আমি: আচ্ছা| খেয়াল রাখবে নিজের|

ধ্রুব: তুইও| গুড নাইট|

ধ্রুব কলটা ডিসকানেক্ট করে দিলো| আমি গিটারটা তুলে নিয়ে জানলার পাশে গিয়ে বসলাম| ল্যাম্পপোস্টের আলো জানলা গলে ঘরে ঢুকেছে| আলো-আঁধারীর পরিবেশ আমার চিরকাল পছন্দের,একটা পছন্দের গানের টিউন তুললাম:

" Chahoge tum jaisa,

ho jaunga wase,

chaho to bada iye pelo..."

" এই পৃথা,থাবি আয়..." মায়ের ডাকে গিটারটা রেখে দিয়ে নিচে নামলাম। মাকে বাবার কথা জিজ্ঞাসা করাতে বলল ফোন করেছিল,পরশুর মধ্যে চলে আসবে। আমি নিঃশব্দে মাথা নেড়ে খাওয়া শেষ করলাম।

পরের দিন...

কলেজে যাব বলে সবে বাড়ি থেকে বেরিয়েছি,এমন সময় কনকের ফোন। রিসিভ করতেই ও বলল: এই,বেরিয়ে পড়েছিস?

আমি: হম্ম,এই বেরোলাম,কেন রে?

কনক: আমাকেও একটু নিয়ে চল না।

আমি: কোথায় আছিস তুই?

কনক: এই তো রাস্তার মোড়ে।

আমি: দাঁড়া ওখানেই,যাচ্ছি আমি।

কয়েক পা এগোতেই কনককে দেখতে পেলাম,প্রায় সাত বছর পর দেখা ওর সঙ্গে। এগিয়ে গিয়ে জড়িয়ে ধরলাম ওকে। কনক হেসে বলল: কেমন আছিস?

আমি: বিন্দাস?

কনক: তুই না! বদলাবি না।

আমি: সে তো তুই-ও বদলাসনি।

কনক: কলেজে দেরি হচ্ছে না তোর?

আমি: হম্ম চল চল।

মিনিট দশেক পর আমরা কলেজে ঢুকলাম। কনক অফিসে চলে গেলো,আমি সিঁড়ি দিয়ে ওপরে উঠতে উঠতে হাত উল্টে ঘড়ি দেখে মৃদু হাসলাম। আজকে সময়ের আগে ক্লাসে পৌঁছেছি.আর ধ্রুবর বকা খেতে হবে না।

অন্যান্য দিনের চেয়ে একটু দেরি করেই ক্লাসে ঢুকল ধ্রুব, সঙ্গে কনক। বলল: স্টুডেন্টস,ও হলো কনক,কনক বোস। তোমাদের সাথেই পড়বে আজ থেকে। ওকে আগের পড়াগুলো বুঝিয়ে দেওয়ার দায়িত্ব কিন্তু তোমাদের। কনক,যাও গিয়ে বসো।

কনক এদিক ওদিক তাকাচ্ছিল,আমি ইশারায় ওকে আমার পাশে এসে বসতে বললাম। কনক আমাকে দেখতে পেয়ে এগিয়ে এসে আমার পাশে বসলো। ধ্রুবটা এটেন্ডেন্স নেওয়া কমপ্লিট করে পড়ানো শুরু করল।

ক্লাস শেষ হতে আমি ধ্রুবর সাথে গিয়ে খাতাটা দিয়ে এলাম,তবে ধ্রুবর দিকে তাকিয়ে আমার ভ্রুগুলো কুঁচকে গেল সামান্য,কেমন যেন অন্যমনস্ক

হয়ে আছে| আমি কি হয়েছে জিজ্ঞাসা করতে গিয়েও করলাম না,কিছু হলে বলতো নিশ্চয়| আমি খাতাটা রেখে দিয়ে বেরিয়ে আসতে যাব,এমন সময় বলল: বিকেলে পৌঁছে যাস ব্রিজে|

আমি " কি হয়েছে" জিজ্ঞাসা করতে যাব এমন সময় দেখলাম বৈশালী ম্যাম আসছেন| আমি "ওকে স্যার" বলে বেরিয়ে গেলাম|

সিঁড়ি দিয়ে ওপরে উঠে দেখলাম কনক আর বিপাশা বাইরে দাঁড়িয়ে কথা বলছে,আমিও ওদের সাথে গিয়ে যোগ দিলাম| আমাকে দেখেই বিপু বলল: কি? প্রেমালাপ হলো?

আমি: ছট|

কনক: যাই বল ভাই,স্যারকে কিন্তু হেব্বি দেখতে|

কনকের কথায় আমরা দুজনই হেসে উঠলাম, বিপু বলল: ওই জন্য গোপিনির সংখ্যা-ও কম নয়|

কনক: ও মা তাই নাকি!

বিপু: তা নয়ত কি!

আমি: ছট|

কনক: এখন কার ক্লাস রে?

আমি: অরিন ম্যাডামের| চাপ নিস না,ঘুমিয়ে ঘুমিয়ে কেটে যাবে|

কনক: বাহ|

আমি বিপাশার দিকে তাকিয়ে বললাম: এই,নিলয়দার খবর কি? আসেনি?

বিপু: এসেছে...কোথায় ঘুরছে নিজেই জানে|

আমি: ঝগড়া হয়েছে?

বিপু: না না..ঝগড়া হতে যাবে কেন?

আমি: থাক আর বলতে হবে না| কি হয়েছে?

বিপু: রোড শো করবে ঠিক করেছে,একবার-ও জানায়নি আমাকে,ভাবতে পারিস!

আমি: কবে?

বিপু: পরশু|

আমি: অন্যায় হয়েছে|

কনক: ঠিক কথা,অন্যায় হয়েছে|

আমাদের কথা বলার ধরনে বিপাশা হেসে ফেলল| এমন সময় অরিন ম্যাডামকে সিঁড়িতে দেখে আমরা দৌড়ে গিয়ে ক্লাসে ঢুকলাম|

ব্রেক শুরু হতে আমি কনককে নিয়ে বাইরে এলাম। বিপু এখনো বেরোয়নি,নিলয়দা বাইরে থেকে রুমের মধ্যে উঁকি মারছে। আমি পেছন থেকে বললাম: রাগ ভাঙাতে এসেছ?

নিলয়দা: হম্ম...কিন্তু সে তো বাইরেই আসছে না।

আমি: আসবে আসবে,অপেক্ষা করো। বাই দা ওয়ে,কনগ্রাচুলেশন্স।

নিলয়দা: থ্যাংকস।

বিপাশা বেরোলো একটু পরেই। নিলয়দাকে দেখে আবার ভেতরে চলে যাচ্ছিল,নিলয়দা দ্রুত ওর হাতটা ধরে বলল: কথাটা একটু শোন প্লিজ।

বিপাশা দাঁড়িয়ে গেল,বলল: কি শুনব?

নিলয়দা: সরি না। আরে আমিও জানতাম না,হঠাৎ করে ঠিক হলো।

বিপাশা: হ।

নিলয়দা: রাগ করে না।

বিপাশা: হ।

নিলয়দা একটু চুপ করে থেকে বলল: আচ্ছা ঠিক আছে,তুই চাচ্ছিস না যখন..আমি বলে দিচ্ছি ওদের যে আমি পারফর্ম করব না।

বিপাশা বিদ্যুৎ গতিতে ঘুরে তাকিয়ে বলল: এই না।

নিলয়দা: না কেন? তুইই তো চাস না...

বিপাশা: চুপ,একদম চুপ। বেশি বুঝে গেছে। কাউকে কিছু বলতে হবে না,যাও ক্লাসে যাও।

বলেই ভেতরে ঢুকে গেলো। নিলয়দাও অভিমান ভেঙে গেছে বুঝতে পেরে ক্লাসের দিকে পা বাড়ালো।

ক্লাস শেষ করে বেরিয়ে গারউন্ড দিয়ে হাটতে হাটতে দেখলাম ধ্রুবর বাইক নেই,অর্থাৎ বেরিয়ে গেছে আগেই। আমি কনককে বললাম: একা বাড়ি ছিল যেতে পারবি?

কনক: তুই কি কোথাও যাবি?

আমি: হম্ম...না সালে ওই...

কনক: ধ্রুবদার সাথে দেখা করতে?

আমি: হম্ম।

কনক: কিন্তু আমি তো এখানে রাস্তা ঠিকঠাক অতটা জানিনা...

আমি খানিক্ষণ চুপ করে থেকে বললাম: আচ্ছা চল আমার সাথে।

কনক: ধ্রুবদা যদি রাগ করে?

আমি: চল না তুই.বলবে না ও কিছু।

কনক মাথা নাড়লো,আমি ওকে নিয়ে রাস্তার বাঁ পাশ বরাবর হাঁটতে লাগলাম।

ব্রিজের ওপর পৌঁছে দেখি ধ্রুব রেলিং ধরে দাঁড়িয়ে আছে, চোখ সামনের দিকে,কি যেন ভাবছে। আমি ওর পাশে গিয়ে দাঁড়িয়ে বললাম: কি হয়েছে?

ধ্রুব: হম? ওহ...এসে গেছিস তুই?

আমি: কি হয়েছে?

ধ্রুব: কই? হয়নি তো কিছু।

আমি: তখন দেখলাম অন্যমনস্ক,এখন-ও দেখলাম কি যেন ভাবছ..কি হয়েছে?

ধ্রুব: না রে,কিছু হয়নি।

কথাটা বলে পেছনে ঘুরতেই ধ্রুব কনককে দেখতে পেল,আমি বললম: বেচারি হারিয়ে যাওয়ার ভয় করছিল,তাই সঙ্গে করে নিয়ে এলাম ওকে।

ধ্রুব: হম্ম।

কনক এগিয়ে এসে ধ্রুবকে বলল: যদি কিছু মনে না করেন..একটা কথা বলব?

ধ্রুব: আমাকে তুমি করেই বোলো।

কনক: বেশ। বলছিলাম যে,তোমার নাম্বারটা দেবে? যদি কিছু বুঝতে না পারি তাহলে জিজ্ঞাসা করে নেব।

ধ্রুব: হম্ম লিখে নাও।

কনক: এক মিনিট।

কনক পকেট থেকে ফোনটা বার করে বলল: হম বলো।

ধ্রুব: 629*******

কনক: ওকে স্যার।

ধ্রুব: আমাকে স্যার বলতে হবে না,ধ্রুবদা বলে ডেকো।

কনক মাখা নেড়ে সায় দিলো,আমি একটু দূরে গোলাপি ফ্যান্সি ঘিন্সি করা কাকুটাকে দেখে ধ্রুবকে বললাম: এই কটন ক্যান্ডি খাবে?

ধ্রুব চোখ পাকিয়ে আমার দিকে তাকিয়ে বলল: তোকে না বলেছি এইসব খাওয়া একদম ভালো না?

আমি: মাঝে মাঝে খেলে কিছু হবে না।

ধ্রুব: একদম না।

আমি ঠোঁট ফুলিয়ে ওর দিকে তাকালাম। কনক বলল: চল আমি কিনে দিচ্ছি,এখান থেকে যাওয়ার পর থেকে তো কটন ক্যান্ডি খাওয়াই হয়নি।

আমি: খেতাম আর কতটুকু? শুধু তো ছিঁড়ে ছিঁড়ে ওড়াতাম।

কনক: আন্টি কত বকত মনে আছে?

আমি: ভুলে গেছি হতে পারে? এখনো বকে।

কনক: যাই বল ভাই,কিছু জিনিসের স্বাদের ভাগ হয়না।

আমি: যা বলেছিস।

আমাদের কথার মাঝেই কখন ধ্রুব গিয়ে দু থানা কটন ক্যান্ডির স্টিক কিনে এনেছে খেয়াল করিনি। ও একটা কনকের হাতে দিয়ে আরেকটা আমার দিকে বাড়িয়ে দিয়ে বলল: ধরুন মহারানী।

আমি: তুমি খাবে না?

ধ্রুব মাথা নেড়ে না বলল।

আমি: একদিন খেলে তোমার কিছু হয়ে যাবে না।

কথাটা বলে আমি কিছুটা তুলোর মত অংশ ছিঁড়ে ওর দিকে এগিয়ে দিলাম। ধ্রুব কিছুটা বিরক্ত হলো বলে মনে হলো। ও মুখটা সরিয়ে নিয়ে বলল: খাব না বললাম তো।

আমি একটু চুপ করে থেকে ওর দিকে এগিয়ে গিয়ে ওর হাতটা ধরে বললাম: কি হয়েছে?

ধ্রুব: কি হবে?

আমি: কিছু তো একটা হয়েছে,নাহলে তুমি কখনো এমন করো না।

ধ্রুব: যার যেটা পছন্দ নয় তাকে সেটা খাওয়ানোর চেষ্টা করলে সে বিরক্ত হবে,এটাই কি স্বাভাবিক নয়?

আমি: আমি সে কথাটা বলছি না। আমি কলেজ থেকেই দেখে আসছি তুমি কেমন যেন অন্যমনস্ক। কিছু হয়েছে?

ধ্রুব শান্ত কিন্তু দৃঢ় গলায় বলল: না।

আমি আর পরের প্রশ্নটা করার সাহস পেলাম না। কনক পেছন থেকে বলল: এই পৃথা,এদিকে দেখ।

আমি পিছনে ঘুরে দেখলাস কনক ক্যান্ডির কিছু কিছু অংশ ছিঁড়ে নদীর দিকে ছুঁড়ে দিচ্ছে। সন্ধ্যে নামছে,তাই বেশ বাতাস বইছে,আর তাতেই ওটা পাক খেতে খেতে সামনে এগিয়ে যাচ্ছে। নিঃসন্দেহে মন ভালো করে দৃশ্য। আমি কিছু বলার আগেই ধ্রুব বলল: এক কাজ করো,তোমরা দুজন মিলে এটা করো,আমি ভিডিও বানাচ্ছি।

ধ্রুবকে কেন জানিনা আগের চেয়ে একটু স্বাভাবিক মনে হলো। আমিও ক্যান্ডি ওড়ানোর চেষ্টা করলাম,কিন্ত বেশ কয়েকবার চেষ্টাতেও ঠিকঠাক

হলো না| কনকের মুখ দেখে মনে হলো ও একটু বিরক্ত হয়েছে,যদিও ধ্রুব কিছু বলল না| অন্ধকার আরেকটু গাড় হতে ধ্রুব বলল: সন্ধ্যে হয়ে যাচ্ছে,বাড়ি যা|

আমি কিছু বলার আগেই কনক বলল: হম চল পৃথা, এরপর যদি রাস্তা হারিয়ে ফেলিস|

ধ্রুব: তখন আমাকেই ফোন করবে,দিয়ে বলবে এই থানে দাঁড়িয়ে আছি,তুলে ঘরে পৌঁছে দাও|

ধ্রুবর কথা শুনে কনক হেসে ফেলল,আমি বললাম: কবে বললাম আমি তোমাকে এমন?

ধ্রুব: বলিস নি বলে কি কখনো বলবি না তা কোথাও লেখা আছে?

আমি কোন উত্তর না দিয়ে বললাম: আসি|

ধ্রুব বা কনক,দুজনের চিন্তাকেই মিথ্যা প্রমান করে আমি ঠিক রাস্তা দিয়ে ঘরে এসে পৌছালাম,কনককেও পৌঁছে দিলাম| ওর বাড়ি থেকে বেরোনোর সময় কনক বলল: যাই বল পৃথা, ধ্রুবদা মানুষটা কিন্তু হেব্বি|

কেন জানিনা কথাটা আমার ভালো লাগল না,তবুও মজার ছলে বলেছে ধরে নিয়েই হেসে বেরিয়ে এলাম| বাড়ি পৌঁছে ফ্রেস হয়ে বিছানায় গা এলিয়ে দিলাম,ক্লান্ত লাগছে| ফোনের নোটিফিকেশন শুনে টেবিল থেকে ফোনটা তুলে দেখি ধ্রুবর মেসেজ,ভিডিওটা এডিট করে পাঠিয়েছে| দেখলাম জুম করে তুলেছে,আর সেজন্য আমার ওড়ানো ক্যান্ডির ফলে ভিডিওর সৌন্দর্যায়নে যে নিশ্চিত বাধাটা পড়ত সেটা পড়েনি| ধ্রুবর কাজটার মধ্যে হয়ত সত্যিই ভুল নেই,তবুও কেন জানিনা আমার ব্যাপারটা মোটেই ভালো লাগল না| আমি ফোনটা বিছানার অন্যপাশে ছুঁড়ে দিয়ে ঘরের আলোটা নিভিয়ে দিলাম|

শুয়ে থাকতে থাকতে কখন ঘুমিয়ে পড়েছিলাম নিজেই বুঝতে পারিনি| মায়ের ডাকে ঘুম ভাঙলো|

মা: কি রে,তোর কি শরীর খারাপ? এমন অবেলায় ঘুমাচ্ছিস?

আমি: না না,,,শুয়ে থাকতে থাকতে চোখ লেগে গেছিল|

মা: কলেজ থেকে এসে তো কিছুই খাসনি| ডিনার করে নিবি চল|

আমি: তুমি দেবে যাও,আমি চোখে মুখে জল দিয়ে যাচ্ছি|

মা: তাড়াতাড়ি নামবি কিন্তু|

মা চলে যেতে আমি ওয়াশরুমে গিয়ে চোখে মুখে জল দিয়ে এলাম| নিচে নেমে দেখলাম মা বাবার সাথে ফোনে কথা বলছে| আমি নিঃশব্দে ডিনার করে ওপরে চলে এলাম| ধ্রুবর কথা মনে পড়তে এডিট ওদিক তাকিয়ে খাটের

কোনা থেকে ফোনটাকে আবিষ্কার করলাম| ফোনটা হাতে নিয়ে খানিক্ষণ এপাশ-ওপাশ করে ধ্রুবকে ফোন করলাম| " বিজি" বলে ফোন কেটে গেল| আমি ঘড়ির দিকে তাকিয়ে দেখলাম সাড়ে আটটা বাজে| এখন কার সাথে কথা বলছে কে জানে! কালকে প্র্যাকটিক্যাল ক্লাস আছে,কথাটা মনে হতেই উঠে গিয়ে কাবাড থেকে এপ্রোনটা বার করে ব্যাগে ঢুকিয়ে নিলাম,কনককেও ম্যাসেজ করে দিলাম| ও অবশ্য অন ছিল না| পড়ার টেবিলে পাশে রেখে এসে সবে বিছানায় বসেছি এমন সময় ফোনটা বেজে উঠল| আমি ফোনটা হাতে নিয়ে দেখলাম ধ্রুব,রিসিভ করলাম সাথে সাথেই|

আমি: হ্যালো..

ধ্রুব: হম বল|

আমি: আমি তো রোজ বলি,আজকে তুমি বলো|

ধ্রুব: মানে? আমি কি বলব?

আমি: সেটা তুমি জানবে|

ধ্রুব: কি বলবি বল তো|

আমি: রেগে যাচ্ছ কেন!

ধ্রুব: তোর কি কিছু বলার আছে? নাহলে আমি রাখছি|

ধ্রুবকে এই প্রথম এত রুড বিহেভ করতে দেখছি| আমার চোখদুটো ভিজে উঠল,আমি যতটা সম্ভব স্বাভাবিক গলায় বললাম: কার সাথে কথা বলছিলে?

ধ্রুব: কনকের সাথে|

আমি: ওও| কি বলল?

ধ্রুব: পড়া জানতে চাইছিলো|

আমি একটু চুপ করে থেকে বললাম: রেগে আছো আমার ওপর?

ধ্রুব: রেগে থাকার মত কিছু করেছিস কি?

আমি: না|

ধ্রুব: তাহলে রেগে থাকতে যাব কেন?

আমি: হম| যাও রেস্ট নাও,অনেক কাজ করেছ| তোমার বলার মত কিছু যখন নেই তখন অকারণ তোমাকে বিরক্ত করে লাভ নেই|

ধ্রুব কিছু বলার আগেই আমি ফোনটা কেটে দিলাম, সব রাগ গিয়ে পড়লো কনকের ওপর| এই মেয়েটা আসার পর থেকেই সব সমস্যা শুরু হয়েছে| অন্য কারো কাছ থেকে পড়া জানতে পারে না ও? ধ্রুবর সঙ্গেই কথা বলতে হবে কেন?

ফোনটা চার্জে বসিয়ে আবার শুয়ে পড়লাম, না ঘুমোলে এ আকাশ সমান রাগ কমবে না|

পরের দিন...

ঘুম থেকে উঠে তাড়াতাড়ি তৈরি হয়ে নিলাম| রাগ কমেছে কিছুটা,তবে পুরোপুরি কমেনি| বেরিয়ে কনককে ফোন করতে ও বলল দেরি করে বেরোবে,আঙ্কেল ছেড়ে দেবে ওকে| আমি আর কোন কথা বললাম না, হাঁটতে লাগলাম নিজের মত| আমি পৌঁছানোর প্রায় কুড়ি মিনিট পর পৌছালো কনক,ভাগ্যিস ধ্রুব আসেনি এখনো| কনক এসে আমার পাশে বসল,আমি ওর দিকে তাকিয়ে হাসলাম সামান্য| প্রায় সাথে সাথেই ধ্রুব ক্লাসে এলো,সাথে এইচ ও ডি| " গুড মর্নিং" বলে উনি জিজ্ঞাসা করলেন: তোমাদের ক্লাসে নতুন কে এসেছে?

কনক উঠে দাঁড়ালো| উনি বললেন: তোমার সেকশনটা কাল তাড়াহুড়োয় ঠিক করা হয়নি| তুমি এখানে না,পরের পরেরটাতে ক্লাস করবে আজ থেকে| কোন অসুবিধা হলে অবশ্যই বলবে প্রফেসরদের, ওনারা সাহায্য করে দেবেন|

কথা শেষ করে বেরিয়ে গেলেন উনি| কনকের দিকে তাকিয়ে দেখলাম ওর মুখে বিষাদের ছায়া| আমি বললাম: মন খারাপ করিস না,একই কলেজে তো আছি,সমস্যা হবে না কিছু| কথাটা বলে সামনে তাকিয়ে একটু অবাক হলাম| সেকেন্ড ডেস্কে বসেছি আজ,তাই এখান থেকে ধ্রুবর মুখটা স্পষ্ট| ওর মুখেও যেন একটা বিষাদের ছায়া| আশা করা যায় সেটা কনকের ক্লাস চেঞ্জের জন্য না|

কথাটা নিজেকে বোঝালেও মনের মধ্যে কি যেন একটা কাঁটা খচখচ করতে লাগল| কনক ক্লাস থেকে বেরোনোর সময় ধ্রুবর দিকে তাকাল,ধ্রুব-ও তাকিয়েছিল ওর দিকে,কনক ক্লাস থেকে বেরোনোর আগে অব্দি দুজন দুজনের দিকে তাকিয়েই রইল| কেন জানিনা ব্যাপারটা আমার মোটেই ভালো লাগল না| কনক বেরিয়ে গেলে ধ্রুব যেন একটা দীর্ঘশ্বাস গোপন করে এটেন্ডেন্স নেওয়া শুরু করলো| আমি ভ্রু কুঁচকে ব্যাপারটা বোঝার চেষ্টা করতে লাগলাম| ক্লাস শেষ হতে আমি খাতাটা নিয়ে ধ্রুবর সাথে প্রতিদিনের মত গেলাম| এটেন্ডেন্স -এর খাতাটা টেবিলের ওপর রাখছি এমন সময় ধ্রুব বলল: সরি| কালকে এমনিই ক্লান্ত ছিলাম তারপর কনকের সাথে বকতে বকতে দেরি হয়ে গেল ওই জন্য...

আমি: কনকের সেকশন চেঞ্জ হয়ে যাওয়ায় সবচেয়ে বেশি কষ্ট মনে হয় তোমার হয়েছে,যেভাবে করুন চোখে তাকিয়ে ছিল...

আমি ধ্রুবকে কিছু বলতে না দিয়ে বেরিয়ে এলাম,প্রায় সাথে সাথেই বৈশালী ম্যাম ঢুকলেন| ওপরে গিয়ে দেখলাম বিপাশা বারান্দায় দাঁড়িয়ে আছে,সম্ভবত আমার জন্যই| আমার থমথমে মুখ দেখে ও বলল: কিরে,কিছু হয়েছে?

আমি কাল আর আজকের ঘটনাগুলো বিপুকে বলল| আমার কথা শুনে বিপু-ও গম্ভীর হয়ে গেল কিছু সময়ের জন্য| তারপর বলল: কনক আসার পর থেকেই এসব সমস্যা হচ্ছে তাই তো?

আমি: হম্ম...কিন্তু ওকে তো...

কনককে এগিয়ে আসতে দেখে আমি আর কথা শেষ করতে পারলাম না| কনক এগিয়ে এসে আমার কাধে হাত রেখে বলল: কি রে,আবার তো ধ্রুবর সাথে এক ক্লাসে একসাথে রয়ে গেলি| এবার তো আমার চোখের আড়ালে ভালোই প্রেম জমবে মনে হচ্ছে|

কনকের কথা শুনে মুহূর্তেই আমার মাথা গরম হয়ে গেল,কি বলতে চায় মেয়েটা? আমি কাঁধ থেকে ওর হাতটা নামিয়ে বললাম: মানুষটা যখন আমার তখন আমি কি করব না করব সেটা আমাকেই বুঝতে দে না|

কনকের ঠোঁটের কোণে যেন একটা আবছা হাসি ফুটে উঠল,ও বলল: সেই|

সিঁড়ি দিয়ে প্রফেসরকে আসতে দেখে আমরা আড্ডা ভেঙে যে যার ক্লাসে গিয়ে ঢুকলাম| প্রফেসর পড়ালেও পড়ায় মন বসাতে পারলাম না কিছুতেই,মাথার মধ্যে ঘুরতে লাগল কনক আর ধ্রুবর কথাগুলো|

ছুটির পর ধ্রুব দাঁড়াতে বলেনি,তাই কলেজ থেকে বেরিয়ে সোজা বাড়ি এসে ফ্রেস হয়ে তৈরি হয়ে নিলাম| বিপুর সাথে আগেই কথা হয়ে গেছিল,আমরা নিলয়দার রোড শোতে যাব| আমি রেডি হয়ে নিচে নামতে নামতেই বিপু চলে এলো| মাকে বলে আমরা বেরিয়ে পড়লাম| রাস্তায় এসে বিপু বলল: কনককে বলিসনি?

আমি জিভ কেটে বললাম: এ বাবা,একদম ভুলে গেছি|

বিপু: ওকে না বললে খারাপ ভাবে যদি?

আমি: আচ্ছা চল ওর ঘর থেকে তুলে নেব ওকে|

কথাটা আমার মুখ দিয়ে বেরোলেও একটা বড়সড় শক থাওয়া তখনো বাকি ছিল আমার| কনকের বাড়িতে গিয়ে বেল রিং করতে আন্টি বললেন

কনক নেই,খানিক আগেই বেরিয়েছে,কে নাকি এসেছিল বাইক নিয়ে,ওকে নিয়ে যেতে।

আমি আর বিপু দুজনেই অবাক হয়ে দুজনের দিকে তাকালাম। আন্টির কাছ থেকে কোনমতে বিদায় নিয়ে রাস্তায় এসে বিপুকে বললাম: বাইক নিয়ে...কে হতে পারে রে? তেমন কারো কথা তো কনক বলেনি আমাকে।

বিপু: এটা নতুন কেউ হবে রে, ও কে তো চিনিস,ও এতদিন ধরে কাউকে টিকিয়ে রেখেছে এমন শুনিনি।

আমি আনমনা ভাবে বলাম: হম্ম।

রোড শো এর জাগায় পৌঁছে দেখলাম নিলয়দারা ইতিমধ্যে স্টেজে উঠে পড়েছে, যে কোন মোমেন্টে শো শুরু হবে। নিলয়দার সাথে চোখাচোখি হতেই বিপুর গালদুটো লাল হয়ে উঠল,সেটা দেখে আমি মুচকি হাসলাম। মিনিট খানেকের মধ্যেই শো শুরু হল।

বেশ ভিড় হয়েছে,প্রায় সবাইই দাঁড়িয়ে আছে। আমি এদিক-ওদিক তাকিয়ে কনককে খোঁজার চেষ্টা করতে লাগলাম। সব আলোর ফোকাস গিয়ে স্টেজের ওপর পড়েছে,তাই আশপাশটা অন্ধকার.ভালো করে কারোরই মুখ বোঝা যাচ্ছে না। এদিক-ওদিক তাকাতে তাকাতে হঠাৎ করে আমার চোখ আটকে গেল কিছু দূরের একটা দৃশ্যে। কনক আর ধ্রুব, এক পাশে দাঁড়িয়ে আছে,ধ্রুবর হাত কনকের কাঁধে রাখা। বিপাশা মুগধ হয়ে নিলয়দার গান শুনছিল,তাই তখনই ওকে কিছু বললাম না। গান শেষ হতে আমি ওকে ডেকে ইশারায় দেখলাম ধ্রুব আর কনককে।

বিপু: যাবি ওদের কাছে?

আমি: গিয়ে কি হবে?

বিপু: চল না...দেখা যাক না কি এক্সকিউজ দেয়।

আমি মাথা নেড়ে ওর সঙ্গে ভিড় কাটিয়ে এগোতে লাগলাম। ওদের কাছে পৌঁছাতে পৌঁছাতে পরের গানটা শুরু হয়ে গেল। আমি ধীর পায়ে ওদের পেছনে গিয়ে দাঁড়ালাম,যাতে বুঝতে না পারে। বিপুও এসে দাঁড়ালো আমার পাশে। গান শেষ হতে আমি ধ্রুবর কাঁধে হাত দিলাম। আমাকে দেখেই ভূত দেখার মত চমকে উঠে ও কনকের কাঁধ থেকে হাত সরিয়ে নিলো। আমি কিছু বলার আগেই বলে উঠল: আসার সময় রাস্তায় ওর সঙ্গে দেখা হলো,ও-ও আসছিলো,তাই ই...

ধ্রুব যে কনককে ওর বাড়ি থেকেই নিয়ে এসেছে সেটা বুঝতে আমার এতটুকুও অসুবিধা হলো না। আমি হেসে বললাম: ও।

কনক: তুই এখানে?

আমি: বিপু আসবে বলল,তাই আমিও চলে এলাম। তোকেও তোর বাড়িতে ডাকতে গিয়েছিলাম,আন্টি বলল কোন এক রাজপুত্র নাকি তার গাড়ি নামক পক্ষীরাজ ঘোড়ায় তোকে বসিয়ে উড়িয়ে নিয়ে গেছে।

আমার কথায় কনক চুপ করে গেলো,ধ্রুব-ও ভাষা খুঁজে পেলো না। গিটারের তারের স্বর আবার ভেসে এলো...

" Har shaam aankhon par

Tera aanchal lehraye

Har raat yaadon ki baaraat le aaye..."

নিলয়দার দিকে তাকাতে দেখলাম ও বিপুর দিকে তাকিয়ে আছে,বিপুর দিকে তাকিয়ে। দেখি তার-ও একই অবস্থা। এ অবস্থাতেও আমার হাসি পেল,সত্যি! আরো কয়েকটা গানের পর শো শেষ হলো। বিপু আমার সাথেই ফিরতে চাইছিল আমি জোর করে ওকে নিলয়দার কাছে পাঠিয়ে দিলাম। এরই মধ্যে কনক আর ধ্রুব যেন কোথায় চলে গেছে,আর দেখতে পাচ্ছি না ওদের। বেরিয়ে আসার সময় হঠাৎই রাস্তার পাশে ধ্রুবর গাড়িটা চোখে পড়ল, সাইড করে পার্ক করা। হঠাৎ করেই আমার মাথায় একটা বুদ্ধি খেলে গেলো। এদিক ওদিক একবার তাকিয়ে নিলাম,রাস্তা প্রায় ফাঁকা। আমি সাইড ব্যাগ থেকে একটা সেফটিপিন বার করে গাড়ির দুটো টায়ারই পাংচার করে দিলাম। তারপর সেফটিপিনটা ব্যাগে ঢুকিয়ে দ্রুত পায়ে হাঁটা দিলাম। কিছু দূর এসে হাঁটার গতি একটু কমালাম,দ্রুত পায়ে হাঁটতে হাঁটতে হাঁপিয়ে গেছি। পকেট থেকে ফোন বার করে দেখলাম প্রায় 9 টা বাজে। অটো-টোটো কিছু এখন পাব বলে মনে হয়না। আমি বাড়ির পথে পা বাড়ালাম।

ঘরে ঢুকে ড্রেস হয়ে সবে বিছানায় বসেছি এমন সময় আমার ফোনটা শব্দ করে বেজে উঠল। ফোন হাতে নিয়ে দেখি কনক। ঠোঁটের কোণে একটা হাসি ফুটে উঠল আমার,রিসিভ করলাম সাথে সাথেই।

আমি: হ্যালো..

কনক: এই পৃথা,কোথায় তুই?

আমি: বাড়িতে,কেন?

কনক: আমাকে না নিয়ে চলে গেলি যে?

আমি: তুই কি আমার সাথে গিয়েছিলিস যে তোকে আমার সাথে নিয়ে আসব? যে রাজপুত্রের সাথে গিয়েছিলি তার সাথেই আয়।

কনক: দেখ,তুই ভুল ভাবছিস।

আমি: তাহলে ঠিকটা তুই বলে দে|

কনক: আরেহ...ছুটির সময় ধ্রুব বলল আমাকে যে কনসার্ট আছে একটা যাব কি না, তো আমি হ্যাঁ বলে দিয়েছিলাম|

আমি: হম্ম তো তার সাথেই আয় না,অযথা আমাকে ফোন করছিস কেন?

কনক: ধ্রুবর গাড়ির চাকা পাংচার হয়ে গেছে,আশেপাশে তো মেকানিকের দোকান-ও নেই, কিছু একটা কর না,প্লিজ|

আমি: দেখছি|

আমি কলটা ডিসকানেক্ট করে দিয়ে ওই ঠিকানায় একটা আবার বুক করে দিলাম| ওটিপিটা কনকের নাম্বারে এসএমএস করে দিয়ে দেহটা এলিয়ে দিলাম বিছানায়| ক্লান্ত লাগছে, বুকের মধ্যে একটা চাপ যন্ত্রনা যেন বেড়েই চলেছে মুহূর্তে মুহূর্তে,কিন্তু চোখ দিয়ে এক ফোঁটা-ও জল বেরোচ্ছে না| গলার কাছে কষ্টগুলো যেন দলা পাকিয়ে আটকে গেছে, শ্বাসরোধ করে মেরে ফেলতে চাইছে আমাকে| চিৎকার করতে ইচ্ছে করছে, কিন্তু গলা দিয়ে আওয়াজ বেরোচ্ছে না একটুও| একটা দীর্ঘশ্বাস ফেলে বারান্দায় এসে দাঁড়ালাম,অল্প অল্প হাওয়া দিচ্ছে| চুপ করে স্ল্যাবের ওপর বসলাম, রাতের আকাশটা যেন আজ একটু বেশিই সুন্দর লাগছে| শুক্লপক্ষ চলছে,চাঁদের আকার দেখে মনে হচ্ছে দু-একদিন পরই পূর্ণিমা| চাঁদের আলোয় তারাগুলো চকচক করছে.ঠিক যেন কেউ ফুটোফাটা ক্যানেস্তারা বিছিয়ে দিয়েছে আকাশময়| আসলে এ পৃথিবীতে কেউই কারোর নয়,সব কিছুই সাময়িক| সারাজীবন ভালো থাকার চেষ্টা করতে গিয়ে শেষ জীবনে দেখা যায় ভালো করে বাঁচা আর হয়নি| চাওয়ার পেছনে ছুটতে ছুটতে আমরা পাওয়ার আনন্দ হারিয়ে ফেলি প্রতি মুহূর্তেই| জীবনের শেষ পাতায় তাই পুরু আস্তরণ পড়ে হতাশা আর দীর্ঘশ্বাসের| চেয়েও তখন ফিরে পাওয়া যায়না পুরোনো দিন,স্মৃতিই সম্বল হয় শুধু|

মায়ের ডাকে ধ্যান ভাঙলো আমার| "যাই" বলে বারান্দা থেকে ঘরে এসে ঢুকলাম আমি| দুহাতে মুখটা একটু ঘষে নিয়ে বেরিয়ে এলাম| মা বাইরেই দাঁড়িয়ে ছিলো,আমাকে দেখে বলল: কিরে,খিদে পায়না তোর? এসে থেকে তো কিছুই খাসনি| চল খেয়ে নিবি চল|

আমি: হম চলো|

আমি চুলগুলো চুড়ো করে বেঁধে জটাধারিনীর মত নীচে দেখলাম| মা টেবিলে খাবার দিয়েই রেখেছিল,আমি রুটি ছিঁড়তে ছিঁড়তে বললাম: বাবা কখন নামবে?

মা ঘড়ির দিকে তাকিয়ে বলল: নেমে গেছে নিশ্চয়, আসছে হয়ত রাস্তায়|

আমি: হম্ম|

মা: এই শোন, সুস্মিতা কাকিমাকে মনে আছে তোর?

আমি খানিক্ষণ চিন্তা করলাম,কিন্তু কিছুতেই তিনি কে সেটা মনে করতে পারলাম না|

আমি: কেন? কি হয়েছে?

মা: আমরা আগে যেখানে থাকতাম,ওখানেই তো থাকত ওরা,ভুলে গেলি?

আমি: কোন ছোট বেলায় সেখান থেকে চলে এসেছি, আরো মনে থাকে? হঠাৎ তাদের কথা?

মা: কাল আসছে ওরা|

আমি: হঠাৎ আসছে কেন?

মা: কেন রে? আসতে পারে না?

আমি: তা নয়, কিন্তু...

মা: অনেকদিন দেখা হয়নি,তাই আসছে|

আমি: ওও|

আমার খাওয়া হয়ে গেছিল,আমি উঠে দাঁড়ালাম,মা বলল: কাল কলেজ যেতে হবে তোকে?

আমি খানিক্ষণ চুপ করে চিন্তা করলাম, কাল যাব কি না| তারপর বললাম: হম্ম যাব| তবে চিন্তা কোরো না, চলে আসব তাড়াতাড়ি|

মা: হম্ম|

আমি হাত ধুয়ে ওপরে চলে এলাম| ধ্রুবরা যে পৌঁছে গেছে সেই নোটিফিকেশন ওর ফোনে ঢুকে গেছে আগেই| আমি ফোনটা চার্জে বসিয়ে বিছানায় বসে একটা দীর্ঘশ্বাস ফেললাম| এতক্ষন ধরে যে কান্নাটা গলার কাছে জমে ছিল,সেটাই যেন এখন চোখ দিয়ে বেরিয়ে আসতে চাইছে| আমি দুহাতের মাঝে মুখ গুজে কাঁদতে লাগলাম, মনটা হালকা করা দরকার|

কতক্ষন এইভাবে মুখগুঁজে নিঃশব্দে কাঁদছিলাম ঠিক জানিনা, নিচের দরজায় শব্দ শুনে মুখ তুললাম| বুঝলাম বাবা এলো| আমি উঠে গিয়ে ওয়াশরুমে গিয়ে চোখেমুখে জল দিয়ে এলাম| খুব ক্লান্ত লাগছে,মানসিক এবং শারীরিক উভয় ভাবে| একবার মনে হলো যাই বাবার সাথে দেখা করে আসি,কিন্তু গেলাম না আর| একটা বালিশ টেনে বিছানায় হেলান দিয়ে বসলাম| ওই ভাবে বসে থাকতে থাকতে কখন যেন ঘুমিয়ে পড়েছিলাম| ঘুম ভাঙতে দেখলাম পুব আকাশ ফর্সা হয়েছে অল্প| ঘড়ির দিকে তাকিয়ে দেখলাম

সাড়ে 4 টা বাজে| আমি উঠে গিয়ে ফ্রেস হয়ে নিলাম| যদিও বাতাসে বেশ হিমের পরশ, তবুও স্নান করে নিলাম আমি| তৈরি হয়ে নিলাম| ব্যাগটা গুছিয়ে রাখলাম| সাড়ে পাঁচটা বাজে| মা মনে হয়না উঠেছে,কাল এমনিও বাবার আসতে দেরি হয়েছে| আমি রান্না ঘরে গিয়ে একটা কাপে কফি করে নিয়ে পাউরুটি নিয়ে চলে এলাম| বারান্দায় এসে বসলাম,বেশ আরাম লাগছে| ঠান্ডার ঝলক যেন একটু বেশিই,তবুও ভালো লাগছে| ফোনটা নিয়ে এলাম টেবিল থেকে| কখন যে 7 টা বেজে গেছে বুঝতেই পারিনি| আমি বিপুকে ফোন করতে গিয়েও করলাম না,উঠেছে কিনা কে জানে! রোদ চড়ছে ধীরে ধীরে,সেদিকে আনমনা হয়ে তাকিয়ে থাকতে বেশ ভালো লাগছে| হঠাৎই বাবার গলায় " পৃথা,এই পৃথাআআ..." শুনে বারান্দা থেকে উঠে নিচে নেমে এলাম| বাবা ব্রেকফাস্ট টেবিলে বসেছে, আমিও টেবিলে গিয়ে বসলাম| আমি তৈরি হয়ে গেছি দেখে বাবা বলল: উঠে পড়েছিস এত সকাল সকাল?

আমি: হম্ম...ঘুম ভেঙে গেছিল|

মা আমার জন্য ব্রেকফাস্ট দিচ্ছে দেখে বললাম: আমি খেয়েছি পাউরুটি,আর কিছু খাব না|

মা: ভাত চড়িয়েছি,না খেয়ে বেরিয়ে যাসনা আবার|

আমি: হম্ম খেয়ে যাব|

বাবা: আজকে না গেলে হত না তোর?

আমি: ইম্পরট্যান্ট ক্লাস আছে,চলে আসব তাড়াতাড়ি|

বাবা: বেশ|

পৌনে দশটার দিকে বেরিয়ে গেলাম আমি| কনক বেরিয়ে গেছে কিনা সেটা অবশ্য দেখার ইচ্ছে হলো না আমার| আমি রাস্তার ধার ধরে হাঁটতে লাগলাম| হঠাৎ পেছন থেকে "পৃথা,পৃথা" ডাক শুনে ঘুরে তাকালাম| কনক আমার দিকে হাত নাড়তে নাড়তে এগিয়ে আসছে| এগিয়ে এসে বলল: ফিরে,আমাকে ছেড়ে চলে যাচ্ছিস যে?

আমি: আমি তো ভাবলাম তোর রাজপুত্র তোকে নিতে আসবে|

কনক: তুই ভুল ভাবছিস,দেখ ওরকম কিছুই না,কালকে কলেজ থেকে বেরোনোর সময় হঠাৎ ধ্রুব বলল যে কোথায় নাকি রোড শো আছে,আমি যদি যাই| আমি ভাবলাম এখানে এসে থেকে তো কোথাও যাওয়া হয়নি,ঘুরে দেখাও হয়নি, তাই ভাবলাম চলে যাই| তারপর..

আমরা হাটতে হাটতে কথা বলছিলাম,সে কারণেই কলেজের গেটের সামনে এসে গেছি আমরা| আমি ওকে বললাম: আমি জানিনা ধ্রুব কি

ভাবছে, তবে তুই যখন সব জানতিস তখন...

কনকের গলার স্বর যেন হঠাৎ বদলে গেল| ও বলল: দেখ পৃথা,আমি কিন্তু তোকে আগেই বলেছিলাম,ভালো কাউকে পেলে ধ্রুব তোকে এমনিই ছেড়ে দেবে| তোকে কতবার বলেছি নিজেকে একটু চেঞ্জ কর, একটু মেকআপ কর,তুই তো শুনবি না| দেখ ধ্রুবর মতিগতি পরিবর্তনে কিন্তু তুই আমাকে দোষ দিতে পারিস না, আমি তো আর নিজেকে "বেহেনজি" সাজিয়ে রাখতে পারি না|

কনক যে "বেহেনজি" কথাটা আমার সালোয়ার-কামিজের দিকে তাকিয়েই বলল সেটা আমি বুঝতে পারলাম| কনক কথাটা বলেই নিজের ক্লাসের দিকে এগিয়ে গেল| আমিও গিয়ে ঢুকলাম নিজের ক্লাসে,বেঞ্চে ব্যাগটা রেখে বসলাম,হঠাৎ যেন একটা মানসিক ক্লান্তি চেপে ধরল আমাকে| বেশিক্ষন অবশ্য ওভাবে বসে থাকতে হলো না আমাকে,ধ্রুব ক্লাসে এসে ঢুকল নির্দিষ্ট সময়েই| ধ্রুবর চোখ গুলো যেন মনে হলো আমাকে খুঁজতে খুঁজতেই আমার ওপর এসে স্থির হলো| যদিও সে দৃষ্টি আমার দিকে থেকে অন্য দিকে ঘুরে গেলো কয়েক নিমেষেই| এটেন্ডেন্স নেওয়া শেষ করে পড়াতে শুরু করলো| আমার কানে যদিও একটা কথাও ঢুকলো না| আমি তন্ময় হয়ে ধ্রুবর চোখের দিকে তাকিয়ে রইলাম,কয়েকদিন আগেই তো এই চোখগুলো শুধু আমাকে খুঁজত| আচ্ছা সত্যিই কি ধ্রুব কোনদিন-ও ভালোবাসেনি আমাকে? সত্যিই কি কনককে পেয়ে ভুলে যাবে ও আমাকে? রঙের ফারাক বুঝি ভালোবাসতেও বাধ সাধে?

ক্লাস শেষের ঘন্টায় সম্বিৎ ফিরল আমার| ধ্রুব বেরিয়ে যেতে দেখলাম এটেন্ডেন্স খাতাটা এখনো পড়ে টেবিলের ওপর,অর্থাৎ আমাকেই নিয়ে যেতে হবে সেটা| আমি ক্লান্ত পায়ে এগিয়ে গিয়ে সেটা তুলে নিলাম| কমন রুমে ধ্রুবর ডেস্কের সামনে গিয়ে দাঁড়াতেই ধ্রুব বলল: দেখ তুই...

আমি শান্ত গলায় বললাম: আমি জানি আমি ঠিক ভাবছি| জোর করে সম্পর্কে থাকা যায়না ধ্রুব,সম্পর্কে বিশ্বাস আর সততা না থাকলে সম্পর্কের কোন মূল্যই থাকে না| আমি তো তোমার ওপর বিশ্বাসটা রেখেছিলাম,কিন্তু তুমি সততাটা রক্ষা করতে পারোনি| তুমি চাইলেও অস্বীকার করতে পারবে না যে তুমি কনককে পছন্দ করো,কি তাই না?

ধ্রুব নিঃশব্দে মাথা নাড়লো| কান্নায় আমার গলা বুজে আসছিলো,সেই অবস্থাতেই আমি বললাম: তাহলে আর তোমাদের দুজনের মাঝখানে আমি তৃতীয় ব্যক্তি হয়ে থাকতে চাইনা|

কথাটা বলেই আমি বেরিয়ে এলাম, আর কিছু শুনতে ইচ্ছে করছে না আমার| মনে হচ্ছে একছুটে দূরে কোথাও চলে যাই| সিঁড়ি দিয়ে উঠতে উঠতে দেখলাম বিপু এগিয়ে আসছে আমার দিকে,আমাকে দেখে বলল: তোকেই খুঁজতে যাচ্ছিলাম|

আমি কোন উওর দিল না,বিপু আবার বলল: কথা হলো স্যারের সঙ্গে?

আমি ভেজা ভেজা গলায় কঠিন হওয়ার চেষ্টা করে বললাম: হম্ম,,শেষ করে দিয়ে এলাম সব|

বিপু: মানে! দেখ ভুলবোঝাবুঝিও তো...

আমি ওকে থামিয়ে দিয়ে বললাম: ভুলবোঝাবুঝি নয় বিপু| যেটা সত্যি সেটা সত্যিই|

বিপু: মানে? কি সত্যি?

আমি সংক্ষেপে সবকিছু বললাম ওকে, সব শুনে ও স্তম্ভিত হয়ে দাঁড়িয়ে রইল সেখানে আমি রুমে ঢুকে মাথা নিচু করে কাঁদতে লাগলাম,কিছুই ভালো লাগছে না আমার|

তাড়াতাড়ি বাড়ি ফিরব বলেও ফেরা হলো না আমার,লাস্টে প্র্যাকটিক্যাল ক্লাস ছিলো| বাড়িতে ঢুকে দেখলাম বসার ঘরে আসর বসিয়েছে সবাই মিলে| আমাকে ঢুকতে দেখে মা বলল: কি রে,তুই তাড়াতাড়ি আসবি বলে এত দেরি করলি?

আমি: প্রাকটিক্যাল ক্লাস ছিল মা|

মা: আয় এখানে বোস দেখি| এই যে এ হলো সুস্মিতা মাসি,আমাদের বাড়ির পাশে থাকত| আর এ হলো দীপ,ওর ছেলে| আমি ব্যাগটা সাইডে রেখে আন্টির পায়ে হাত দিয়ে প্রণাম করলাম| আন্টি বললেন: ওকে একটু ফ্রেস হতে দে,এই মাত্র অফিস থেকে এলো,আবার..

বাবা: হম যা তুই ফ্রেস হয়ে আয়|

আমি ওপরে ঘরে গিয়ে চেঞ্জ করে ফ্রেস করে নিলাম| একটা ঢোলা টিশার্ট আর ট্রাউজার্স পরে চুলগুলো খোঁপা করে নিলাম| আমাকে তো আর দেখতে আসেনি,তাই অযথা তৈরি হয়ে যাওয়ার কোন মানেই হয়না| নিচে নেমে সোফায় বসলাম| এতক্ষন লক্ষ্য করিনি,রবার আমার চোখ পড়লো দীপদার দিকে| বয়সে বেশ কিছুটা বড়ই হবে আমার চেয়ে| ওর দিকে তাকিয়ে বেশ অবাকই হলাম আমি| টিশার্ট,ট্রাউজার্স,ফোনের কভার,চশমার ফ্রেম এমনকি স্লিপারটা পর্যন্ত কালো| কালোর প্রতি কারো অবসেশন যে এতটা মারাত্মক হতে পারে আমি জানতাম না| অবসেশনটা নিশ্চয় কালো রঙের জিনিসের

প্রতিই,মানুষের প্রতি না,কথাটা হঠাৎই মনে হলো আমার| আসার পর থেকে দেখছি ফোনে মুখ গুজেই পড়ে আছে,ঘাড় তোলার নাম নেই|

" কি দেখছিস অমন হাঁ করে?"

সুস্মিতা আন্টির কথায় একটু লজ্জাই পেলাম,চোখ ফিরিয়ে বললাম: মানুষের রঙের প্রতি অবসেশন কত মারাত্মক হতে পারে সেটাই দেখছিলাম|

সুস্মিতা: সে যা বলেছিস|

হাবিজাবি গল্পে সন্ধ্যাটা কাটলো,যেগুলোর অধিকাংশ বিষয়ই আমার অজানা| আমি কিছুটা ফোন ঘেঁটে আর কিছুটা আলোচনার বিষয় বোঝার চেষ্টা করে সময় কাটালাম| রাত একটু গভীর হতেই মা বলল: অনেক জার্নি করে এসেছ তোমরা,চলো খেয়ে নিয়ে রেস্ট নেবে| এই পৃথা,চল সাহায্য করবি আমায়|

সুস্মিতা আন্টি: আহ! ওকে আবার টানার দরকার কি আমি আছি তো|

মা: তা আবার হয় নাকি,তোমরা কতটা জার্নি করে এসেছ..

আমি মাকে থামিয়ে দিয়ে বললাম: চলো|

টেবিলে প্লেট সাজিয়ে হটপট খুলছি এমন সময় দীপদা এসে টেবিলে বসলো| ফোনের থেকে চোখ সরেনি এখনো| প্রেম করছে নাকি! কথাটা মনে হতেই আমি হেসে ফেললাম,পরক্ষণেই সামলে নিলাম নিজেকে| একসাথেই বসলাম সবাই| আমি ভ্রু কুঁচকে তাকিয়ে ছিলাম দীপদার দিকে,সেটা দেখেই মনে হয় আন্টি বললেন: ফোন থেকে চোখটা একটু সরা| পৃথার সাথে কথা বললেও তো পারিস,তা না ফোনে ঢুকে আছে|

দীপদা যেন একটু বিরক্ত হলো, ফোনের দিকে তাকিয়েই বলল: ওর কাজ না থাকলে আমি কি করব? আমার কাজ আছে,আমি করছি|

কথাটা শুনে আমার খুব খারাপ লাগলো, আমি কিছু না বলে মাথা নিচু করে খাওয়া শেষ করলাম| খোক্ষোস কোথাকার! আন্টিও মনে হয় এমন উত্তর আশা করেননি,তাই থতমত হয়ে চুপ করে গেলেন| আমি রুমে এসে বারান্দায় গিয়ে দাঁড়ালাম, হওয়া দিচ্ছে একটু একটু| চুপ করে স্ল্যাবের ওপর বসলাম, দূরের দিকে তাকিয়ে থাকতে থাকতে ভাবলাম,যাই একটু ছাদ থেকে ঘুরে আসি,মনটা ভালো করে দরকার| ছাদের দরজার সামনে ঠেলে বাইরে যেতেই অবশ্য আমার ভুলটা ভাঙলো| থামের ওপর হাত রেখে দাঁড়িয়ে আছে দীপদা, শুক্লপক্ষের পূর্ণচন্দ্রের আলোয় তাকে বিশেষ অসুবিধা হচ্ছে না আমার| আপনমনেই মৃদু স্বরে একরা গান গাইছে ও,সুরটা শুনেই চিনতে পারলাম,

"এই অগোছালো হাওয়া,

এই ব্যস্ত আসা-যাওয়া আমাদের মেলালো কি..

আবছা হয়ে এসো,

আমাকে ভালোবাসো,

এর বেশি চেয়েছি আমি কি..."

আমি নিচে যাবার জন্য ঘুরে দাঁড়ালাম, সিঁড়ির দিকে এগোচ্ছি এমন সময় একটা কন্ঠস্বর কানে এলো "ওই শোন"

আমি ঘুরে তাকালাম, দীপদা আমার দিকেই তাকিয়ে আছে। আমি ঘুরে সামনে এগিয়ে গেলাম, বললাম: কি?

উল্টা দিকে মুখ করে রইলাম আমি, দীপদা আবার বলল: চাঁদ দেখতে এসেছিস বুঝি?

আমি: হম্ম।

দীপদা: তো অন্যদিকে তাকিয়ে আছিস কেন? চাঁদের ওপরেও অভিমান দেখাচ্ছিস নাকি?

আমি: মোটেই না।

দীপদা: বুঝলাম।

আমি: আমি তো ভাবলাম তুমি আকাশ দেখতে এসেছ, যা কালোর প্রতি অবসেশন তোমার!

দীপদা: পৃথিবীর সৃষ্টিও তো সেই আকাশ গঙ্গার ঘন কালো অন্ধকার থেকেই।

আমি: হম্ম।

দীপদা: রাতের আকাশটা অনেক সুন্দর জানিস? আকাশটার দিকে তাকিয়ে মন খুলে কাঁদা যায়, মন ভালো করে যায়।

আমি কোন উত্তর দিলো না, দীপদা আবার সুরটা ধরলো।

আমি: গান গাইতে ভালোবাসো বুঝি?

দীপদা: ওই মাঝেসাঝে।

আমি: দাঁড়াও গিটারটা নিয়ে আসি।

আমি একদৌড়ে নীচে গিয়ে গিয়ে গিটারটা নিয়ে এলাম।

দীপদা: বাজাতে জানিস?

আমি: তোমার কি ওটা দেখে মনে হচ্ছে যে ওটা এমনিই পড়ে ছিল?

দীপদা: না না তা নয়...

এই চোখের কোন দিয়ে তাকালাম।

দীপদা: আচ্ছা বেশ...আমি গাইছি, তুই বাজা।

আমি: হম্ম|

" এ অগোছালো হাওয়া

ব্যস্ত আশা যাওয়া

আমাদের চেনালো কি

আবছা হয়ে এসো

আমাকে ভালোবাসো

এর বেশি চেয়েছি কি

তোমাকে দিয়েছিলাম

চেনা চেনা কথা গুলো

এসো না জুড়ে নিতে

ছেড়া ছেড়া ব্যথা গুলো

নিজেকে আমি বুঝিয়ে নিয়েছি

হবো তোমার..

নিজেকে আমি হারিয়ে ফেলেছি

কাছে তোমার.."

দীপদার কন্ঠে যেন জাদু আছে,যে জাদু গানকে মানুষের মর্মে ছুঁইয়ে দেয়,আমি অনেক হয়ে ওর গান শুনছিলাম| হঠাৎই একঝলক ঠান্ডা হাওয়া এসে ছুঁয়ে দিলো আমাদের| দীপদা গান শেষ করে তাকিয়ে রইল দূরের দিকে,তারপর হঠাৎই প্রশ্ন করল: আচ্ছা পৃথা,আমি তোর থেকে কত বড় বলতো?

আমি প্রশ্ন শুনে খানিক্ষণ অবাক হয়ে ওর দিকে তাকিয়ে রইলাম,তারপর বললাম: দু-তিন বছর হবে...

দীপদা: চার বছর|

আমি: ওও|

দীপদা পকেট থেকে ফোন বার করল,সময় দেখল সম্ভবত| ফোনটা পকেটে ঢোকাতে ঢোকাতে বলল: ঘুমাবি যা,রাত হলো|

আমি: তুমি যাবে না?

দীপদা: চল,আমিও যাচ্ছি|

আমি নিচে এসে গিটারটা টেবিলের পাশে রেখে দিয়ে বোতল থেকে একটু জল খেলাম| চাদর টেনে আলো নিভিয়ে বেডসাইড ল্যাম্পটা জ্বালিয়ে দিলাম| ক্লান্ত ছিলাম বেশ,ঘুমিয়ে পড়লাম কয়েক মুহূর্তের মধ্যেই|

সকালে উঠতে বেশ দেরি হলো| ফ্রেস হয়ে নীচে নেমে এলাম| সকলেই প্রায় উঠে পড়েছে,আমিই সবার শেষ| মা আমাকে দেখে বলল: কি রে,এত দেরি হলো?

আমি চেয়ার টেনে বসতে বসতে বললাম: উঠতে দেরি হয়ে গেল|

আমি একেবারে স্নান সেরে নিয়েছিলাম,মা মনে হয় সেটা দেখেই বলল: কলেজ যাবি?

আমি: হম্ম যাব| আজ ঠিক তাড়াতাড়ি আসবো,ভাববার দরকার নেই|

মা: আচ্ছা যাস|

ভাত খাওয়ার ইচ্ছে ছিল না,তাই ভারী ব্রেকফাস্ট করে নিলাম| রুমে গিয়ে রেডি হয়ে ব্যাগ নিয়ে নামলাম,যদিও এখনো সময় আছে বেশ কিছুটা| মা আমাকে নামতে দেখে বলল: আজ যাচ্ছিস যা, কাল কিন্ত যেতে দেব না,পুজো আছে বাড়িতে|

আমি: হম হম জানি|

"আসি" বলে বেরিয়ে পড়লাম আমি, রাস্তায় নেমে দেখলাম মি. ব্ল্যাক অবসেসড বারান্দায় দাঁড়িয়ে ফোন হাতে আমার দিকে তাকিয়ে আছে| চোখে চোখ পড়তেই চোখ সরিয়ে ফোনের দিকে তাকালো| এ কি সত্যি ব্যস্ত নাকি ব্যস্ততার অভিনয় করে!

কলেজে পৌঁছতেই বিপু কোথা থেকে যেন এসে জড়িয়ে ধরলো আমাকে| আমি অবাক হয়ে ওকে বললাম: কিরে কি হয়েছে?

বিপু: জানিস নিলয়দের ব্র্যান্ডটা অফিসিয়ালি রেজিস্টার্ড হয়ে গেছে|

আমি: বাহ,দারুন খবর|

বিপু: ও বাড়িতে আমাদের কথা বলেছে,ওরা কয়েকদিনের মধ্যেই আসবে আমাদের বাড়িতে দেখা করতে|

আমি: বিয়ের সানাই বাজবে মনে হচ্ছে যে তাহলে..

বিপুর গানটুটো গান হয়ে উঠল| খানিক্ষণ চুপ করে থেকে বলল। এই আরেকটা খবর সুনেছিস?

আমি: কি?

বিপু: ধ্রুবদার ট্রান্সফার হয়ে গেছে|

আমি: তাই? কোথায়?

বিপু: উত্তর কলকাতার কোন একটা কলেজে|

আমি: ইস, কলেজে প্রেমটা জমতে না জমতে বদলি? আহারে!

আমি কথাটা বলেই ক্লাসের দিকে এগিয়ে গেলাম|

ব্রেকের পর একটা ক্লাস ছিলো, সাড়ে তিনটের মধ্যেই ছুটি হয়ে গেল| কলেজের গেট থেকে বেরিয়ে বাড়ির দিকে যাব এমন সময় মি.ব্ল্যাক অবসেসডকে এগিয়ে আসতে দেখে বেশ অবাক হলাম| তবে এটাও বুঝলাম যে আমি নামকরণটা ভুল করিনি| ব্ল্যাক শার্ট, ব্ল্যাক সানগ্লাস আর অফ হোয়াইট জিন্স পরে কালো সাদার মধ্যে একটা সামঞ্জস্য ঘটানোর চেষ্টা করেছেন মহারাজ| আমার কাছে এসে বলল: আন্টি কয়েকটা জিনিস নিয়ে যেতে বলেছিলেন,তাই বেরিয়েছিলাম...মা বলল আসার সময় তোকে যেন নিয়ে চলে যাই|

আমি মাথা নেড়ে বললাম: বেশ|

দীপদা: চল|

দীপদা বাইক নিয়ে এসেছে,তাই পার্কিং লটের দিকে এগোলো ও| আমিও সেদিনকে যেতে যেতে কি মনে করে সাইডে তাকিয়ে দেখি কনক তীক্ষ্ণ দৃষ্টিতে তাকিয়ে আছে আমার দিকে| আমি কিছু না বলে এগিয়ে গেলাম সামনের দিকে|

বাইক চালাতে চালাতে হঠাৎই দীপদা প্রশ্ন করল: আইসক্রিম খাবি?

আমি: হম্ম মন্দ হয় না|

দীপদা: চল তাহলে|

দীপদার বাইকটা এসে থামল একটা আইসক্রিম পার্লারের সামনে| আমি নেমে দাঁড়িয়ে মুখ ফুলিয়ে বললাম: এত ব্রেক মারতে হয়? আমার হাত ব্যাথা হয়ে গেল পেছনের রড দুটো ধরে থাকতে থাকতে|

দীপদা বাইক স্ট্যান্ড করতে করতে বলল: না গর্তের মধ্যে বাইক ফেলে এক্সিডেন্ট করি আরকি!

আমি কিছু বললাম না,ভেতরে গিয়ে দুটো বাটারস্কচ অর্ডার দিয়ে ওকে বললাম: দিয়ে দিয়েছি অর্ডার|

দীপদা পকেটে চাবি ঢোকাচ্ছিল,অবাক হয়ে বলল: কি অর্ডার দিলি?

আমি: দুটো বাটারস্কচ|

দীপদা: ওহ,আমার ফেভারিট|

আমি ভ্রু কুঁচকে ওর দিকে তাকালাম| আমার বাটারস্কচ পছন্দ না,তবুও ওকে জ্বালাতন করতে আমি বাটারস্কচ অর্ডার দিলাম,আর ওনার কিনা সেটা ফেভারিট! দীপদার দিকে তাকিয়ে দেখি মুচকি মুচকি হাসছে| অসভ্য একটা!

আইসক্রিম খেয়ে আমরা বেরিয়ে পড়লাম,রোদের তেজ কমে বিকেল নেমেছে| বাড়ি পৌঁছাতে পৌঁছাতে প্রায় সাড়ে চারটে পৌঁছে গেল| ফ্রেস হয়ে

বিছানায় বসে ফোনটা হাতে নিয়ে একটু অবাকই হলাম| কনক মেসেজ করেছে | সেটা অদ্ভুত ব্যাপার না,কিন্তু ওর মেসেজটা অদ্ভুত:

আমার জিনিসে তোর নজর না দিলে হয় না?

আমি অবাক হয়ে রিপ্লাই করলাম: মানে?

কনক: যার সাথে বাইকে ফিরছিলি তাকেই প্রশ্ন কর,উত্তর পেয়ে যাবি।

মেসেজটা দিয়েই কনক অফ হয়ে গেল,আমি বসে রইলাম হতভম্ব হয়ে। দীপদা কনককে চেনে! কিন্তু কিভাবে! আমি জানি কনককে এখন প্রশ্ন করে লিখব নেই,কোন উত্তরই পাওয়া যাবে না ওর কাছ থেকে।যদি কিছু জানারও হয়,দীপদার কাছ থেকে জানতে হবে। কিন্তু দীপদার সঙ্গে তো রাতের আগে কথা বলতে পারব বলে মনে হয় না,তাও যদি ও ছাদে থাকে তো। মনে অদম্য কৌতূহল চেপে আমি অপেক্ষা করতে থাকলাম রাতের জন্য।

আমার অনুমান যে মিথ্যে নয় সেটা খাওয়া সেরে ঘর গুছিয়ে ছাদে গিয়েই দেখতে পেলাম| দীপদা ছাদের এককোনে দাঁড়িয়ে আছে| আমি গিয়ে ওর পাশে দাঁড়ালাম| খানিক্ষণ চুপ থেকে বললাম: একটা প্রশ্ন জিজ্ঞাসা করব?

দীপদা: হম্ম বল|

আমি: কনক বলে কাউকে চেনো?

দীপদা তড়িৎ-পৃষ্টের মত ঘুরে তাকালো,বলল: কনক বসু! তুই চিনিস!

আমি: হম্ম মানে..

দীপদা: ও কোথায় আছে বলতে পারিস?

আমি: হ্যাঁ মানে আমাদের কলেজে পড়ে,কয়েকদিন আগেই এসেছে আমেরিকা থেকে|

দীপদা উত্তেজিত হয়ে আমার হাত দুটো ধরে বলল: একবার দেখা করাতে পারবি? জাস্ট একবার...

আমি একটু চুপ করে থেকে বললাম: হম্ম...কবে বলো...

দীপদা: পারলে কালই,যত জলদি হয়...

আমি: আচ্ছা আচ্ছা,ওর সঙ্গে কথা বলি আমি,জানাব তোমাকে...

দীপদা: জানাস প্লিজ|

আমি: হম্ম|

আমি নিচে এসে কনককে মেসেজ দিলাম,"দীপদা তোর সাথে দেখা করতে চাইছে, কখন সময় হবে তোর? কাল হলে ভালো হয়"

কনক: কাল কলেজ যাব না,সকালের দিকে হলে...

আমি: কাল সকালে তো বাড়িতে পুজো আছে আমাদের,তুই এক কাজ কর,আমাদের বাড়ি চলে আয়,তাহলে দেখা হয়ে যাবে|

কনক: আচ্ছা|

আমি ফোনটা রেখে দিয়ে মাকে গিয়ে কনকের আসার কথাটা বললাম,মা অবশ্য আপত্তি করল না| দীপদাকেও জানিয়ে দিলাম কনকের আসার কথা| দীপদা ছোট্ট করে "থ্যাংকস" বলল আমাকে|

পরের দিন..

সকাল থেকেই তোড়জোড় শুরু হয়ে গেলো| আমি একটা হলুদ রঙের শাড়ি পড়লাম| ঠাকুর ঘরে এসে দেখলাম দীপদা পৌঁছে গেছে ইতিমধ্যেই,লাল রঙের একটা পাঞ্জাবি পড়েছে, বেশ স্মার্ট লাগছে ওকে| আধ ঘন্টার মধ্যেই কনক চলে এলো,কালো রঙের একটা শাড়ি পড়েছে ও, মি. ব্ল্যাক অবসেসড -এর জন্য নাকি! দুজনের মধ্যে চোখে চোখে কিছু কথা বিনিময় হলো,দেখলাম আমি| পুজো শেষ হতে ঘন্টা দুয়েক লাগলো| দেখলাম পুজো শেষ হতেই দীপদা আর কনক ঠাকুর ঘর থেকে বেরিয়ে ছাদের দিকে চলে গেলো| আমি কয়েক মিনিট দাঁড়িয়ে থেকে কি মনে করে গেলাম ওদের পিছু পিছু| ছাদের দরজার সামনে এসে দাঁড়াতেই ওদের কথা কানে এলো| কান পাতার বিশেষ ইচ্ছে আমার ছিল না,কিন্তু দীপদার আর্ত গলায় " প্লিস এমন কোরো না কনক" শুনে দাঁড়িয়ে গেলাম আমি| কনকের গলা কানে এলো এবার," আমার কিছু করার নেই দীপ,ওটা জাস্ট ইনফ্যাচুয়েশন ছিল...আমেরিকা যাওয়ার পর আমি সেটা রিয়েলাইজ করি| যাওয়ার কয়েক মাসের মধ্যে আমার ফোনটা চুরি হয়ে গেছিল,তাই যোগাযোগটা আর রাখতে পারিনি|

দীপদা চুপ করে রইল, বলল: দু দুটো বছর শুধু ইনফ্যাচুয়েশনের জন্য আমার সাথে ছিলে?

" হম" সংক্ষিপ্ত উত্তর দিলো কনক|

দীপদা: কাউকে ভালোবাসো এখন?

কনক: হম্ম বাসি|

দীপদা কিছু বলল না, কনক "আসি" বলে এগিয়ে এলো দরজার দিকে,আমি দ্রুত পায়ে নেমে গেলাম|

কনক দরজা দিয়ে বেরিয়ে গেল,আমাকেও বলল না কিছুই| আমি ওকে থামাতে গিয়েও থেমে গেলাম| দীপদা নেমে এসে চুপচাপ নিজের ঘরে চলে গেলো| আমি চুপ করে ঠাকুর ঘরে ঢুকে মাকে সাহায্য করতে লাগলাম|

দুপুরের খাবার সময় পেরিয়ে যেতেও দীপদাকে না আসতে দেখে মা আমাকে বলল: এই পৃথা,যা দেখি দীপকে ডেকে আন|

আমি: হম যাচ্ছি|

দীপদার ঘরের সামনে দাঁড়িয়ে ইতস্তত করছি,ডাকব কি না ভাবছি,এমন সময় ভেতর থেকে দীপদার গলা শুনতে পেলাম, "চলে আয়"|

আমি ধীর পায়ে ঘরের ভেতরে ঢুকলাম| বললাম: খাবে চলো|

দীপদা অন্যদিকে তাকিয়ে থেকে ভেজা গলায় বলল: তুই যা,আমি আসছি|

আমি ফিরে যাওয়ার জন্য এগিয়ে গিয়েও থেমে গেলাম| বললাম: কনকের কথায় কিছু মনে কোরো না, ও এখনো বাচ্চা মানুষ,ভালোবাসা আর ইনফ্যাচুয়েশনের পার্থক্য এখনো বোঝে না ও| বুঝলে ঠিকই ফিরে আসবে দেখো|

বলেই আমি বেরিয়ে গেলাম| কথাগুলো কেন বললাম জানিনা| সিঁড়ি দিয়ে নামতে নামতে নিজের কথায় নিজেই অবাক হয়ে গেলাম| ডাইনিং টেবিলে এসে বসতে বসতেই সিঁড়িতে পায়ের শব্দ পেলাম| দীপদা শান্ত ভাবে এসে হাত ধুয়ে বসলো, চোখদুটো ক্ষনিকের জন্য তুলেছিল,তারপর আবার নামিয়ে নিলো| আমি অবশ্য ওইটুকু সময়েই ওর লাল চোখদুটো দেখতে পেলাম| অদ্ভুত একটা রাগ হলো কনকের ওপর,কেন তা বলতে পারব না| দীপদা একটু খেয়েই উঠে গেলো, আন্টি জিজ্ঞাসা করতে বলল ইচ্ছে নেই খাবার| আমি যদিও জানি কারণটা,তবুও কিছু বললাম না| খাওয়া শেষে ঘরে গিয়ে চেঞ্জ করে নিলাম,ফোনটা হাতে নিয়ে দেখলাম বিপু মেসেজ করেছে, পরীক্ষার রুটিন দিয়ে দিয়েছে আমাদের| পরের সপ্তাহ থেকে পরীক্ষা| প্র্যাকটিক্যালের পরীক্ষা পরে হবে| আমি তাক থেকে বই নামিয়ে বিছানায় উল্টে পড়লাম| পড়তে পড়তে কখন ঘুমিয়ে পড়েছি বুঝতে পারিনি| ঘুম ভাঙলো একটা মৃদু খট খট শব্দে| উঠে বারান্দায় এসে দাঁড়াতেই চোখ পড়লো বারান্দায় এক কোনে ছোট্ট একটা মৌটুসী পাখি বারান্দার গ্রিলে আস্তে আস্তে টোকা মারছে| আমি মৃদু হাসলাম,আর তখনই আমার চোখ গেল গেটের দিকে| বিপু আর আঙ্কেল আন্টি ঢুকছেন| আমি অবাক হলাম সাথে খুশিও| দ্রুত পায়ে ওয়াশরুমে গিয়ে ফ্রেস হয়ে নিলাম| নিচে যাব বলে সবে ঘর থেকে বেরোচ্ছি,এমন সময় মায়ের গলা পাওয়া গেলো,"পৃথা, দীপকে নিয়ে একবার নীচে আয় তো"| আমি দীপদার ঘরে নিয়ে দরজায় টোকা দিলো| দীপদার কানে এসেছিলো মায়ের কথা, প্রায় সাথে সাথেই ও বলল: তুই যা, আমি যাচ্ছি|

আমি "হম্ম" বলে নীচে চলে এলাম| বিপুর লজ্জা মাখা মুখটা দেখে ব্যাপারটা কিছুটা আন্দাজ করলাম| কথাবার্তা কিছুটা এগোতেই বুঝলাম আমার আন্দাজই ঠিক,ম্যাডাম সেমিস্টারের পরই বিয়ে করছেন| আমি ওর দিকে চোখ পাকিয়ে তাকিয়ে ওকে আরেকটু লজ্জা দিলাম| দীপদা নেমে এসে বসলো পাশের সোফায়,মা চা জলখাবার এনে রাখলো টেবিলে| কথা বলতে বলতে সন্ধ্যে হয় গেলো| ডেস্টিনেশন ওয়েডিং করছে ওরা,জয়পুরে| বিপুর স্পষ্ট বক্তব্য,পরীক্ষা শেষ হলেই ওর সাথে আমাকেও যেতে হবে ওর সঙ্গে| আমি কিন্তু কিন্তু করতে করতে মাথা নাড়লাম| বিপু দীপদার দিকে তাকিয়ে বলল: তোমাকেও কিন্তু যেতে হবে দীপদা,নাহলে তোমার বন্ধু আমার ওপর রাগ করবে|

দীপদা একটু যেন হাসার চেষ্টা করে বলল: আমার তো দুদিক থেকেই নিমন্ত্রণ, বিয়েতেও আর বৌভাতেও| যাব যাব,চিন্তা করিস না|

প্রত্যুত্তরে বিপু হাসলো,আমিও ঠোঁটের কোণে একটা হাসি ফুটিয়ে তোলার চেষ্টা করতাম| বিপুকে কনক আর দীপদার কথাটা বলেছিলাম, ও অবশ্য তেমন কিছুই রিএক্শন দেয়নি| এখন দেখলাম বেশ খুঁটিয়ে লক্ষ্য করছে দীপদাকে| মি. ব্ল্যাক অবসেসড-এর অবশ্য কোন হেলদোল নেই,সে ফোনের দিকে তাকিয়েই উত্তর দিচ্ছে সব| দেখলাম বিপুর ভ্রু দুটো কুঁচকে গেছে অল্প| আমি পরিস্থিতি সামাল দেওয়ার জন্য বললাম: মি. সিইও কি এখনো কোন ইম্পরট্যান্ট মেলে ডুবে আছেন?

আমার কথা শুনে দীপদা চোখ তুলে তাকালো,বলল: না,তেমন কিছু না|

"ও তাই?" প্রশ্নটা বিপু করলো|

দীপদা: হম্ম|

বেশ কিছুক্ষণ কথাবার্তার পর বিপুরা ফিরে গেলো| সামনে পরীক্ষা,তাই আমি রুমে গিয়ে আবার বই খুলে বসলাম| যদিও বেশি দূর এগোতে পারলাম না,অঙ্কগুলো বড্ড কঠিন,আটকে যাচ্ছে বারবার| বিরক্ত হয়ে উঠে যাব কি না ভাবছি এমন সময় দরজায় টোকার শব্দ শুনে চোখ তুলে তাকালাম| "ভেতরে আসবো?" দীপদা দরজার বাইরে থেকে প্রশ্ন করলো|

আমি: হম্ম এসো|

দীপদা ভেতরে এসে বিছানার একপাশে বসলো,বলল: কি করছিস?

আমি: এই অঙ্কগুলো করবার চেষ্টা করছিলাম|

দীপদা: কতগুলো করলি?

আমি: হচ্ছে না একদম...প্রচুর কঠিন...

দীপদা: দেখা দেখি।

আমি অঙ্কগুলো দেখলাম, দীপদা খাতাটা টেনে নিয়ে কয়েক সেকেন্ডের মধ্যেই করে দিলো অঙ্কটা। আমি অঙ্কটা বোঝার চেষ্টা করলাম। চুলগুলো খোলা ছিলো, বারবার এসে পড়ছিল মুখের ওপর। আমি ভ্রূ কুঁচকে অঙ্কটা বোঝার ব্যর্থ চেষ্টা চালিয়ে যাচ্ছি হঠাৎ কানের পাশে অল্প ছোঁয়া পেয়ে চোখ তুলে তাকালাম। দীপদা চুলগুলোকে কানের পেছনে বুঝিয়ে দিয়ে বলল: পড়তে বসলে চুল বেঁধে বসবি,নাহলে অঙ্ক হাজার বছরেও মাথায় ঢুকবে না। দে খাতাটা দে,বুঝিয়ে দিচ্ছি।

রাত্রে খাবার টেবিলে বসে টুকিটাকি কথা হতে হতে বিপুর বিয়ের কথা বলল। আন্টি দীপদাকে বলল: তোর বন্ধু তো বিয়ে করে নিচ্ছে, তুই কবে করবি?

দীপদা: আমার সমস্যা নেই, মেয়ে পেলেই করে ফেলব।

মা হেসে বলল: বাবাঃ!বিয়ের সানাই বাজলো মনে হচ্ছে।

সবাই হেসে উঠলাম, হাসি ঠাট্টায় ডিনার শেষ করলাম সবাই।

আজকে ছাদে গিয়ে দীপদাকে পাব কিনা সে বিষয়ে নিশ্চিত ছিলাম না,তবুও গেলাম। দেখলাম ছাদের এক কোণে থামের ওপর দুপা ঝুলিয়ে বসে আছে দীপদা, হাতে জ্বলন্ত সিগারেট। দীপদা মনে হয় আমাকে খেয়াল করেনি, ধোঁয়ার রিং ছাড়লো আপন মনে। আমি মৃদু শব্দে গলা খাঁকারী দিলাম। দীপদা আমার দিকে ঘুরে তাকিয়ে বলল: তুই?

আমি সিগারেটটার দিকে পয়েন্ট করে বললাম: ওটা নিভাও,শ্বাসকষ্ট হয়।

দীপদা সিগারেটটা নীচে ফেলে পা দিয়ে চেপে নিভিয়ে দিলো। আমি তেরচা গলায় বললাম: ব্যাড হ্যাবিট।

দীপদা উত্তর না ফিয়ে প্রশ্ন করল: তুই এখানে?

আমি: তোমাকে সঙ্গ দিতে এলাম।

দীপদা: যণ।

আমি: মন খারাপ লাগছে?

দীপদা: ছাড়। যাকে পাব না নিশ্চিত জানি, তার জন্য মন থারাপ করা নিছক বোকামি।

আমি: হুম্ম।

দীপদা খানিক্ষণ চুপ করে থেকে বলল: একটা প্রশ্ন করব?

আমি: হম বলো।

দীপদা: কনক কি সত্যিই কাউকে ভালোবাসে? নাকি আমার ওপর রাগ দেখিয়ে বলেছে এসব? জানিস কিছু?

আমি: হম্ম জানি। ধ্রুবর সঙ্গে...

আমি কথা শেষ করতে পারলাম না,নিজের অজান্তেই গলায় একটা বিষাদের সুর চলে এসেছিল, সেটা দেখেই হয়ত দীপদা বলল: তোর খুব কাছের কেউ মনে হচ্ছে?

আমি একটা দীর্ঘশ্বাস ছেড়ে বললাম: ভালোবাসার মানুষ তো কাছেরই হয়,তাই না?

দীপদা চুপ করে রইল খানিক্ষণ। তারপর বলল: বাদ দে।

আমি: হম্ম।

বাতাসে হিমের পরশ বেশ ধরা পড়ছে, দীপদা স্ল্যাব থেকে নেমে বলল: নিচে যা, ঠান্ডা লেগে যাবে নইলে।

আমি: তুমি কি এখানে দাঁড়িয়ে থেকে ঠান্ডা লাগিয়ে দেবদাস সাজতে চাও?

দীপদা ভ্রু কুঁচকে বলল: কেন?

আমি: তাহলে চলো নীচে।

দীপদা সামান্য হেসে বলল: হম চল।

পরের দিন...

কলেজে যেতে হবে,তাই সকাল সকাল উঠে তৈরি হয়ে নিলাম। সবার সাথে টেবিলে বসে ব্রেকফাস্ট করছি, এমন আমি আন্টি দীপদাকে বলল: ওই, যা পৃথাকে ছেড়ে দিয়ে আয়।

আমি: না না আমি চলে যাব।

কলেজে গেলে কনকের সাথে দীপদার দেখা হয়ে যেতে পারে, এটা ভেবেই কথাটা বললাম।

আন্টি অবশ্য আমার কথায় আমল না দিয়ে বললেন: আসার সময় কয়েকটা জিনিস নিয়ে আসবি, লিখে দেব আসি।

আমি আর কিছু বললাম না, দীপদা আমার দিকে তাকিয়ে বলল: তোর কখন ছুটি রে?

আমি একটু অবাক হয়েই বললাম: সাড়ে তিনটে... কেন?

দীপদা: তাহলে তোকে এনে দিয়ে বেরোব আমরা।

আমি: বেরোবে মানে?

" বাড়ি যেতে হবে তোরে, এখানেই থেকে গেলে হবে?" উত্তর দিলো আন্টি।

আমি: তাই বলে আজই?

আন্টি: আরে চিন্তা করিস না, বিপুর বিয়েতে তো দেখা হবে আবার|

" সে অবশ্য ঠিক" কথাটা মুখে বললেও কেন জানিনা মনটা একটু খারাপ হয়ে গেল আমার| ব্যাগটা নিয়ে নীচে নেমে দেখলাম দীপদা বাইকে হেলান দিয়ে দাঁড়িয়ে অপেক্ষা করছে| গাঢ় মেরুন রঙের শার্ট আর ক্রিম রঙের জিন্সে অন্যদিনের চেয়ে অনেকটা আলাদা লাগছে ওকে| আমি ওর সামনে গিয়ে দাঁড়াতেই ও ডোন্ট পকেটে ঢুকিয়ে গাড়ির চাবি বার করলো| গাড়ি স্টার্ট দিতে দিতে বলল: তোর কি কারো সঙ্গে দেখা করার কথা আজ?

আমি একটু অবাক হয়ে দাঁড়িয়ে থেকেই বললাম: কেন?

দীপদা হেসে বলল: তখন যেভাবে আমার সাথে যাওয়ার জন্য আপত্তি করছিলাম তাই তো মনে হলো..

আমি: না না,তা নয়| আসলে কলেজে গেলে আবার তোমার সাথে কনকের দেখা হয়ে যাবে,তাইই বলছিলাম,আর কিছু না|

দীপদা: সে কথা বাদ দে,অতীত ভেবে লাভ নেই|

আমি বাইকে উঠতেই দীপদা এক্সেলেটরে চাপ দিলো|

কলেজে পৌঁছে দীপদাকে "বাই" বলে ভেতরে ঢুকে গেলাম| আর ভেতরে ঢুকতে বুঝলাম আমার আন্দাজ মোটেও ভুল নয়| কনক বারান্দায় দাঁড়িয়ে ছিলো, এক দৃষ্টে তাকিয়ে ছিলো আমার দিকেই| আমি বুঝলাম দীপদা ওর চোখ এড়ায়নি| আমি ধীর পায়ে ওপরে উঠলাম| কনক আমাকে দেখেই বলল: দীপের সাথে কথা হয়েছে তোর?

আমি: হম্ম হয়েছে|

কনক: কি বলল রে? আমাকে নিয়ে কিছু বলেছে?

আমি: হম্ম বলেছে তো|

কনক: কি?

‘ যাকে পাব না নিশ্চিত জানি,

তাকে নিয়ে মন খারাপ করা নিশ্চিত বোকামি’

কথা শেষ করেই আমি ক্লাস রুমের ভেতরে ঢুকে গেলাম,কনক ভ্যাবাচ্যাকা খেয়ে তাকিয়ে রইল আমার দিকে,সেটা আমার চোখ এড়ালো না|

আমি ব্যাগটা রেখে একটু ক্লান্ত ভাবেই জামার স্লিভস টেনে ঘড়ি দেখলাম| ক্লাস শুরু হতে আরো মিনিট পনেরো বাকি| প্র্যাকটিক্যাল না থাকলে আজ এমনিই আসতাম না, এমনিই তেমন কোন ইম্পরট্যান্ট ক্লাস নেই আমার|

আজকে অবশ্য ধ্রুব একা ক্লাসে এলো না,সাথে এইচ ও ডি-ও এলেন। ওর ফেয়ারওয়েল একসপ্তাহ পর, বদলি হয়ে উত্তর কলকাতায় চলে যাচ্ছে ও। সেই বিষয়টাই আমাদের বলতে এসেছিলেন এইচ ও ডি। সংক্ষিপ্ত বক্তৃতা দিয়ে চলে গেলেন উনি,ধ্রুব এটেন্ডেন্স নেওয়া শুরু করলো। বেশ গম্ভীর ভাবেই শেষ হলো ক্লাসটা। ক্লাস শেষে পর আমি যথারীতি এটেন্ডেন্স-এর খাতাটা নিয়ে কেমন রুমে গিয়ে ঢুকলাম। খাতা রেখে দিয়ে বেরিয়ে আসছে এমন সময় ধ্রুব বলল: কার সাথে কলেজ এসেছিস আজ?

বুঝলাম দীপদাকে শুধু কনক দেখেনি, ধ্রুব-ও দেখেছে। আমি বললাম: দাদা।

"ও" সংক্ষিপ্ত উত্তর দিলো ধ্রুব।

আমি মাথা নেড়ে বেরিয়ে এলাম।

কলেজ শেষ হতে বাইরে বেরিয়ে দেখলাম দীপদা গেট থেকে একটু দূরে দাঁড়িয়ে আছে,একই ভাবে বাইকে হেলান দিয়ে যদিও ড্রেস বদলে ফেলেছে এরই মধ্যে। গাঢ় নীল রঙের শার্ট আর অফ হোয়াইট জিন্স, দেখতে সুন্দর লাগছে সন্দেহ নেই,কারণ কয়েক সেকেন্ড ওকে খোঁজার জন্য দাঁড়িয়ে থাকার মধ্যেই আমার কানে দুবার "হ্যান্ডসাম" কথাটা ভেসে এসেছে। আমি এগিয়ে ওর পেটে ইচ্ছে করেই অল্প খোঁচা দিলাম। দীপদা আমার দিকে তাকিয়ে বলল: খোঁচাস কেন?

আমি: তুমি ফোনে ঢুকে আছো কেন?

দীপদা: তো ডাকতে পারতিস,খোঁচাস কেন?

আমি: মজা লাগে।

" অদ্ভুত মেয়ে বাবা তুই!" বলতে বলতে বাইকে স্টার্ট দিলো দীপদা,আমি উঠে বসলাম।

বাড়িতে ঢুকে দেখলাম আন্টি তৈরি হয়ে নিয়েছে,আমাকে দেখে বলল: কি রে,কলেজ কেমন হলো?

আমি হেসে মাথা নেড়ে "ভালো" বললাম।

আন্টি মায়ের দিকে তাকিয়ে বলল: আসি তাহলে? আবার দেখা হবে।

আমি কিছু বললাম না.দীপদা আমার মাথায় একটা ছোট্ট গাট্টা মেরে বলল: মন দিয়ে অঙ্ক করবি,পরীক্ষায় যেন ভুল না হয়।

আমি গাল ফুলিয়ে বললাম: বেশ।

দীপদারা চলে যাওয়ার ওর দিনগুলো যেন খুব তাড়াতাড়ি কেটে গেলো। ধ্রুবর ফেয়ারওয়েলে যাইনি আমি,ইচ্ছে হয়নি,মায়া বাড়াতে চাইনি। তবে

শুনেছি যাওয়ার আগে নাকি দেখতে চেয়েছিল আমাকে,কনক-ও নাকি কান্নাকাটি করছিল খুব। দেখতে দেখতে পরীক্ষা চলে এলো, পরীক্ষাতেও উৎরে গেলাম বেশ ভালো ভাবেই। ব্যাগপত্র গোছানো-ও প্রায় শেষ। কাল বিপুর সাথেই যাব আমরা,দীপদারাও সম্ভবত কালই আসবে । রাত্রি বেশ গভীর হয়েছে,বাতাসে ঠান্ডার প্রকোপ বেড়েছে আরো। বারান্দায় দাঁড়িয়ে ভাবছিলাম এসবই। হঠাৎই একটা দমকা হাওয়া এসে আমাকে কাঁপিয়ে দিলো। আমি একটা দীর্ঘশ্বাস ফেলে ঘরে এসে ঢুকলাম। ক্লান্ত ছিলাম,ঘুম এসে গেলো সহজেই।

সকাল থেকেই তাড়াহুড়ো শুরু হয়ে গেল, বিপু এর মধ্যেই প্রায় তিন বার ফোন করে ফেলেছে আমাকে শুধু এটাই বলতে যে দুপুর 1 টায় ফ্লাইট। মেয়ে যে বিয়ে নিয়ে প্রচন্ড এক্সসাইটেড সেটা বোঝাই যাচ্ছে। মা বাবা-ও আজই আমাদের সাথে যাবে, ওদের এক্সাইটমেন্ট-ও দেখার মত। দুঃখের চেয়েও সুখ ছোঁয়াচে, তাই ওদের হাসি হাসি মুখগুলো দেখে আমার-ও মন ভালো হয়ে গেল। ঠিক সময়েরই এয়ারপোর্টে পৌঁছে গেলাম ,দেখলাম কনক-ও এসেছে। আমি মুখে কিছু বললাম না,ঠোঁটের কোণে একটা হাসি ফুটিয়ে তোলার চেষ্টা করলাম শুধু। বিপুদের লাগেজ বেশি ছিল,তাই সিকিউরিটি চেকে একটু দেরি হচ্ছিল, ও বেরিয়ে এসে আমাকে দেখতে পেয়ে দৌড়ে এসে জড়িয়ে ধরলো আমাকে। আমি টোন কেটে বললাম: বরের জন্য-ও বাঁচিয়ে রাখ কিছু।

বিপু আমার কথা শুনে লজ্জা পেলো,বলল: ধ্যাৎ!

ফ্লাইটের ঘোষণা হয়ে গেছিল,আমরা তাই বাসে করে টার্মিনাল পেরিয়ে ফ্লাইটে গিয়ে উঠলাম। দেড়ঘন্টার ফ্লাইট জার্নি, জয়পুরে নেমে আরেকবার সিকিউরিটি চেকের সমস্যা পেরিয়ে বেরোতে বেরোতে সাড়ে 3 টা বেজে গেলো। আমরা সবাই লাঞ্চ করেই বেরিয়েছিলাম,তাই গাড়ি ছুটল ওয়েডিং ডেস্টিনেশনের দিকে। বিপুর মুখে হাসি ধরছে না, ওকে দেখে আমার মনটাও অজানা আনন্দে ভরে উঠল যেন। ওয়েডিং ডেস্টিনেশনে পৌঁছে অবাক হয়ে গেলাম। সত্যিই এত সুন্দর জায়গা আমি খুব কম-ই দেখেছি। রাজবাড়ীর মত সাজানো, যেন এক্ষুনি লোক-লস্কর নিয়ে রাজা ফটক পেরিয়ে বাইরে আসবে। রাজবাড়ীর একটা মহলেই আমাদের থাকার ব্যবস্থা হয়েছিলো। বাবা-মা একটা ঘরে, আমি অন্য ঘরে। বিপু ডাকলে যাতে দিন-রাত যখন খুশি বেরিয়ে যেতে পারি,তার জন্যই এত ব্যাবস্থা। কনক অবশ্য বলেছিল ও ধ্রুবর সাথে থাকবে, ধ্রুব কাল এসবের যদিও। বিপু বিশেষ বাঁধা দেয়নি,আসলে সংঘাতে জড়াতে চায়নি। কাল সকালে নিলয়দারাও এসে

পৌঁছাবে, ওরা অবশ্য থাকবে অন্য মহলে। কাল গণপতি পুজো হবে,তারপর শুরু হবে পূজার আচার। বিপু এরই মধ্যে এসে ঠিক করে দিয়ে গেছে আমি কোনদিন কি পরব। এই মেয়েটাও না, পারে বটে! ওর সঙ্গে কথা বলে জানতে পারলাম দীপদারাও আসছে কাল, বন্ধুর সঙ্গে। পুজোর জোগাড় করতে করতে সন্ধ্যে পেরিয়ে গেল। জেট ল্যাগের কারণে সকলেই বেশ ক্লান্ত ছিল,তাই রাতের খাওয়া দাওয়া শেষ হতেই যে যার ঘরে গিয়ে শুয়ে পড়লো। আমিও ঘরে এসে পোশাক বদলে ফোনটা চার্জে বসিয়ে ঘুমিয়ে পড়লাম।

পরের দিন...

নিলয়দাদের পৌঁছাতে বেশ দেরি হলো, ফ্লাইট প্রায় আড়াই ঘন্টা লেট ছিলো। বেলা পড়ে আসায় গণপতি স্থাপন করা গেল না আজ। বিপু প্রচন্ড রেগে আছে নিলয়দার ওপর, কাল যদি আমাদের সাথে চলে আসতো তাহলে আজ এই সমস্যাটা হতো না। পুরোহিত মশাই অবশ্য বলেছেন কাল বিপু গায়ে হলুদে বসার আগেই উনি গণপতি স্থাপনা করে দেবেন। কিন্তু সে কথা বিপুকে বোঝায় কে? সে তো পুরো লাল হয়ে আছে রাগে। নিলয়দার অনেক কাকুতি মিনতির পর আমি ওকে মানাতে গেলাম। লম্বা বারান্দার একপাশে দাঁড়িয়ে ছিলো ও, আমাকে ওর পাশে দাঁড়াতে দেখেই বলল: তুই যদি ঐ ছেলেটার হয়ে কিছু বলতে এসেছিস তাহলে আমি আগেই বলে দিচ্ছি আমি কিছু শুনতে চাই না। একটা কাজের দায়িত্ব দিয়েছিলম, সেটাও ঠিক করে করতে পারেনা,আবার মুখে বড় বড় কথা, সব দায়িত্ব নেব।

আমি: ফ্লাইট লেট থাকলে কি করবে বল?

বিপু: তাহলে পাকামী করে আজকের ফ্লাইটের টিকিট কাটলো কেন? আমাদের সঙ্গেই আসতে পারতো। তা না,বেশী কেতা দেখানো।

আমি: আচ্ছা আচ্ছা বুঝেছি। কিন্তু তুই যদি এখন এত রাগ দেখাস তাহলে তো বিয়েতে সমস্যা হবে,তুই কি সেটা চাস? বিয়ের পর তো পুরো মানুষটাই তোর হয়ে যাবে,তখন নাহয় রাগ দেখিয়ে নিস নিজের ইচ্ছে মত। এখন অযথা আঙ্কেল আন্টির টেনশন বাড়াস না প্লিজ।

বিপু মনে হয় বুঝতে পারলো আমার কথা, খানিক্ষণ চুপ করে থেকে বলল: আচ্ছা।

আমি: গুড গার্ল। এবার একটা কলগেট স্মাইল দে দেখি।

বিপু আমার দিকে তাকিয়ে হাসলো, আমিও হেসে দিলাম। তারপর বললাম: এবার ঘরে যা, বিশ্রাম নে, কাল থেকে প্রচুর পরিশ্রম হবে পরের কয়েকটা দিন। যা যা রেস্ট নে।

বিপু: হম হম যাচ্ছি। গুড নাইট।

নিলয়দাকে খুঁজতে খুঁজতে ওদের রুমের কাছে গিয়ে দেখলাম নিলয়দা কিংবা দীপদা কারোরই টিকি পর্যন্ত দেখা যাচ্ছে না। ওদেরকে খুঁজব বলে অন্য দিকে যাচ্ছি এমন সময় "পৃথা..." ডাক শুনে থমকে পেছনে ফিরে তাকালাম। শাওনদা ডাক দিয়েছে। শাওনদা নিলয়দার ব্যান্ডেরই একজন,ড্রাম বাজায়। আমি ঘুরে তাকিয়ে বললাম: হম।

শাওনদা: কোথাও যাচ্ছিস?

আমি: হম্ম নিলয়দাকে খুঁজছি।

শাওনদা: হঠাৎ ওকে খুজছিস? কোন দরকার আছে?

আমি: না... তেমন কিছু না... ওই এমনিই।

শাওনদা: ওও। একটা কথা বলব?

আমি: হম্ম নিশ্চয়।

শাওনদা: খুব সুন্দর লাগছে তোকে।

আমি হেসে বললাম: থ্যাংকস।

শাওনদা থানিক্ষণ চুপ করে রইল, তারপর বলল: যদি কিছু মনে না করিস, একটা কথা বলতাম।

আমি একটু অবাক হয়ে বললাম: হম বলো না।

শাওনদা: এখানে বলব না। আয়আমার সাথে।

আমার হাত ধরে আমাকে একপ্রকার জোর করেই টানতে টানতে ওপরে খোলা ছাদে নিয়ে গেলো। গরম কাল, ঠান্ডা হাওয়াটা তাই বেশ ভালোই লাগছে। ছাদে যেতেই আমার চোখ পড়লো দীপদা আর নিলয়দার দিকে। আমি শাওনদাকে "এক্সকিউজ মি" বলে এগিয়ে গেলাম ওদের দিকে। পূর্ণিমার পূর্ণ চন্দ্রের আলোয়,আশপাশ বেশ স্পষ্ট। দীপদা স্মোক করছিল,আমাকে দেখে দ্রুত সিগারেটটা নিভিয়ে নীচে ফেলে দিলো। আমি সেটা ইগনোর করার ভঙ্গিতে এগিয়ে গিয়ে নিলয়দাকে বললাম· বহু কষ্টে মানিয়েছি তোমার বউকে,বাকিটা তুমি বাসর রাতে সামলে নিও।

আমার কথা শুনে দীপদা বিষম খেয়ে কাশতে লাগলো,আমি চোখ বড় বড় করে ওর দিকে তাকালাম। আন্টির ডাক শুনে নিলয়দা আর দীপদা নীচে চলে গেলো। আমিও যাচ্ছিলাম, শাওনদার ডাক শুনে থমকে গেলাম, "পৃথা শোন"।

আমি: হম বলো কি বলবে বলছিলে।

এতদূর অব্দি ঠিক ছিল,কিন্তু ও তারপর যেটা করার চেষ্টা করলো তার জন্য আমি মোটেই প্রস্তুত ছিলাম না।

শাওনদা হঠাৎ হাঁটু গেড়ে আমার সামনে বসে পড়ে বলল: অনেক দিন ধরেই তোকে বলব ভাবছিলাম,কিন্তু কিভাবে বলবো বুঝতে পারিনি। তোর সাথে স্যারের সম্পর্কটা শোনার পর পিছিয়ে গেছিলাম| তবে স্যারের ব্রেকাপের কথাটা শোনার পরও তোকে বলে ফেলার সিদ্ধান্ত নিয়েছিলাম, কিন্তু বলার সাহস সঞ্চয় করতে এতটা সময় লাগলো। কিভাবে প্রপোজ করে আমি জানিনা, জানিনা কেমন করে প্রোপজ করলে তুই খুশি হবি... আমি নাহয় নিজের মত করেই অনুভূতিগুলো প্রকাশ করি, তুই নিজের মত সাজিয়ে নিস। সেই প্রথম দিন তোকে বিপাশার সাথে দেখার পর থেকে ভালোবেসে ফেলেছি তোকে, যাকে বলে "লাভ এট ফার্স্ট সাইট"। নিজের থেকেও বেশি ভালবাসি তোকে। জানিনা তোর মনে আমার জন্য কোনো অনুভূতি আছে কি না, তবুও জানতে চাই, Do you love me?

শাওনদার কাণ্ডে আমি খানিক্ষণ অবাক হয়ে দাঁড়িয়ে রইলাম। তারপর বললাম: আব... না.. মানে... দেখো...আমি তোমাকে চিরকাল দাদার চোখেই দেখে এসেছি দাভাই। আমি জানিনা কেন এসব বলছো তুমি| কিন্তু দাদা ছাড়া অন্য কোনো চোখেই তোমাকে দেখিনি আমি, তাই হ্যাঁ বলা সম্ভব হলো না আমার পক্ষে। আমার থেকেও ভালো কাউকে ডিসার্ভ করো তুমি,তার সঙ্গেই নিজের অনুভূতি গুলো শেয়ার কোরো।

কথাগুলো বলে আর অন্য আমি দাঁড়ালাম না ওখানে, ছুটে নেমে গেলাম নীচে, রুমের সামনে দাঁড়িয়ে হাঁপাতে লাগলাম। কিছুক্ষন আগে যেটা ঘটলো সেটা কিছুতেই বিশ্বাস হচ্ছে না আমার। শাওনদা কি মজা করছিল?কি সব বলছিল ও... কেন বলছিলো? ওর মাথায় এসব কে ঢোকালো?

বিছানায় বসে হাঁপাতে হাঁপাতে এসবই ভাবছিলাম, এমন সময় দরজায় নকের শব্দ শুনে নিজেকে সামলে নিয়ে বললাম: কে?

বাইরে থেকে একটা পরিচিত কিন্তু অপ্রত্যাশিত কণ্ঠস্বর বলে উঠল: পৃথা.. আমি... ধ্রুব।

আমি উঠে গিয়ে দরজা খুলে দিলাম, ধ্রুব অবশ্য ভেতরে এলো না,দাঁড়িয়ে রইলো দরজায়। আমি বললাম: বলো কি বলবে।

ধ্রুব: না আসলে... আসলে... মানে...দেখ, আমি জানি তুই আমার ওপর রেগে আছিস,তাই সরি বলতে এসেছিলাম...

আমি: বলা হয়ে গেছে? এবার তাহলে আসতে পারো,ঘুম পেয়েছে আমার।

ধ্রুব: না মানে আসলে... আমি ইচ্ছে করে তোর সাথে ওরকম করিনি.. মানে...

আমি: করে ফেলেছ যখন তখন অযথা অজুহাত দিয়ে নিজেকে জাস্টিফাই করতে এসো না। আমি যে সবকিছু মেনে নিয়েছি তা দেখতে পাচ্ছ আশা করি। দয়া করে আর আমার শান্তি নষ্ট করতে এসো না। তোমাদের মাঝখানে দাঁড়াব না আমি,সো ভয় নেই তোমার। এবার আসতে পারো তুমি।

ধ্রুব: এভাবে কথা বলছিস কেন?

আমি: তা কিভাবে বললে তুমি খুশি হবে বলো,সেভাবেই বলব।

ধ্রুব: থাক বলতে হবে না কিছু।

ধ্রুবচলে গেলো,আমিও দরজা লক করে এসে চেঙকরে শুয়ে পড়লাম। ক্লান্ত ছিলাম,তাই দুচোখে ঘুম নেমে এল মুহূতেই।

পরের দিন...

সকাল থেকেই জোরদার তোড়জোড় শুরু হয়ে গেল। একদিকে গায়ে হলুদের প্রস্তুতি, অন্যদিকে পুজোর জোগাড়। সব কিছুই করা ছিল, তাই পুজো শুরু হতে বিশেষ দেরি হলো না। পুজো শেষ হতেই বিপু গায়ে হলুদে বসলো। ওর সঙ্গে মিলিয়ে আজকে আমরা সবাই হলুদ লেহেঙ্গা পরেছিলাম। দীপদার সাথে মাঝে একবার দেখা হয়েছিল, বন্ধুর সাথে মিলিয়ে ও-ও হলুদ পাঞ্জাবি পরেছে,বেশ হ্যান্ডসাম লাগছে। বড়রা হলুদ লাগানোর পর আমরা বন্ধুরা বিপুকে হলুদ লাগাতে লাগলাম। হাসি ঠাট্টায় মুখরিত হয়ে উঠেছে জায়গাটা,একটা অন্যরকম ভালোলাগা কাজ করছে সবার মধ্যে। হঠাৎ পুরোহিত মশাইয়ের ডাক শুনে তার কাছে গিয়ে কি হয়েছে জিজ্ঞাসা করতে উনি বললেন বিয়ের সিঁদুর আগে গণপতি বাপ্পার পায়ে রেখে পুজো করতে হবে,তবে নাকি তা শুদ্ধ হবে। সিঁদুর তো নিলয়দারা এনেছে,তাই আমি এককোনে দীপদাকে ফোন করে সিঁদুরের কথাটা বলে দিলাম। এই ভিড়ের মধ্যে খুঁজতে গেলে অনেকটা সময় চলে যেত।সবাই ধীরে ধীরে হলুদ লাগাচ্ছে বিপুকে, আর ও পিজ দিতে ব্যস্ত। কনক হলুদ লাগিয়ে উঠে যেতে আমি বসলাম। হলুদ তেল তুলে সবে বিপুর গালে লাগিয়েছি এমন সময় কিছু একটা উড়ে এসে আমার নাকে মুখে পড়লো। আমি একটু অবাক হয়ে সামনে তাকিয়ে দেখলাম বিপু অবাক চোখে সময় দিকে তাকিয়ে আছে,আশেপাশে তাকিয়ে দেখি সবার নজরই আমার দিকে। দীপদাও দেখলাম আমার দিকে তাকিয়ে আছে। কি হয়েছে বোঝার জন্য আমি উড়ে পড়া পদার্থটা হাত দিয়ে ঘষে গাল থেকে তুলে চোখের সামনে এনেই চমকে গেলাম! এ...এ যে....

সিঁদুরের থালা থেকে সিঁদুর উড়ে এসে পড়েছে আমার মাথার ওপর। পাজামা থেকে সুতো বেরিয়েছিল,খেয়াল করেনি দীপদা,তাতেই হোঁচট খেয়ে ডিসব্যালেন্স হয়ে যায়, ফলস্বরূপ সিঁদুর ভর্তি থালা কত হয়ে যায় আর কিছুটা সিঁদুর এসে পড়ে আমার মাথায়। সবই তো বুঝলাম কিন্তু এরা সব হাঁ করে তাকিয়ে আছে কেন আমার দিকে? কেউ কিছু বলছে না,আমার কথা বলাটা ঠিক হবে কিনা বুঝতে পেরে আমি ভ্রূ উঁচিয়ে বিপুকে জিজ্ঞাসা করলাম কি হয়েছে? বিপু কিছু বলল না শুধু আগের মত অবাক হয়ে তাকিয়ে রইল আমার দিকে। ইতিমধ্যে আরো অনেকে এসে জড়ো হয়েছে। আমি সিঁদুরটা মুছে ফেলার জন্য রুমে যাওয়ার জন্য সবে পা বাড়িয়েছি এমন সময় পুরোহিত মশাই বললেন: কোথায় যাচ্ছ মা?

আমি মাথার দিকে ইশারা করে বললাম: পরিষ্কার করে আসি।

পুরোহিত মশাই: কি সব কথা বলছ মা,সিঁদুর তুলে ফেললে যে স্বামীর অমঙ্গল হয়!

আমি ভ্রূ কুঁচকে তাকালাম,কে স্বামী? কার স্বামী? কিছুই মাথায় ঢুকছে না। কয়েক মুহূর্ত পর হঠাৎই বিদ্যুৎ ঝলকের মত ব্যাপারটা পরিষ্কার হয়ে গেল আমার। আমি বিদ্যুৎ পৃষ্টের মত ঘুরে তাকালাম, কি সব বলছে! আমি যেন চিৎকার করে উঠলাম: কি সব বলছেন!! মাথা ঠিক আছে আপনার!!!

পুরোহিত মশাই আগের মতই শান্ত গলায় দীপদাকে দেখিয়ে বললেন: ওর হাত থেকেই তো পূজার সিঁদুর তোমার মাথায় পড়েছে,এর চেয়ে মঙ্গলময় আর কি হতে পারে?

আমি: কিন্তু তা বলে তো যাকে তাকে বিয়ে করে ফেলতে পারি না আমি? এসব গোঁড়ামি আপনি নিজের কাছেই রাখুন,এ বিয়ে আমি মানিনা।

কথাগুলো বলে আর দাঁড়ালাম না ওখানে, দৌড়ে নিজের রুমে গিয়ে দরজা বন্ধ করে দিলাম। নিজের অজান্তেই চোখ দিয়ে গড়িয়ে পড়লো জলের ধারা,কি হয়ে গেল এটা! আয়নার সামনে গিয়ে দাঁড়ালাম, নাক গাল সব সিঁদুরের লালিমায় লাল হয়ে আছে। হঠাৎ প্রচন্ড ঘৃণা হলো রংটার প্রতি,পাশেই রুমাল ছিল,সেটা তুলে নিয়ে ঘষতে লাগলাম মুখময়। তাতে সিঁদুর উঠলেও লাল ভাবটা গেল না। আমি ধপ করে বসে পড়লাম বিছানার উপর। মাথার ভেতরটা কেমন যেন খালি খালি লাগছে। হঠাৎ দরজায় প্রচন্ড জোরে চাপর মারার শব্দ কানে এলো,কেউ ব্যাকুল ভাবে দরজা ধাকাচ্ছে। আমি উঠে গিয়ে দরজা খুলে দিলাম,দেখলাম দীপদা। আমি কিছু না বলে আবার ফিরে এসে বসলাম বিছানায়,কথা বলার শক্তিটুকুও নেই আমার। দীপদা টেবিল থেকে

গ্লাস তুলে জল ঢেলে আমার হাতে দিয়ে বলল: জলটা থা,শান্ত হ একটু|

আমি একঢোক জল খেয়ে গ্লাসটা সাইডের টেবিলে রেখে দিলাম| দীপদা নীচে বসে আমার হাতের উপর হাত রেখে বলল: ঠান্ডা হ একটু| তোর অনিচ্ছায় কিচ্ছু হবে না,কথা দিচ্ছি আমি|

আমি: তুমি শুনলে না তখন কি বলল? তারপরেও কি করে বলছ তুমি?

দীপদা: দোষটা সম্পূর্ণ আমার,তাই ক্ষতি পূরণ-ও আমিই করব|

আমি: কিভাবে করবে?

দীপদা: জানিনা,তবে করব|

মা যে বাইরে দাঁড়িয়েছিল সেটা এতক্ষন বুঝতে পারেনি,হঠাৎ ঘরে ঢুকে এসে দীপদাকে বলল: যেটা পারবে না সে কাজটা করার প্রতিশ্রুতি দিয়ে না দীপ|

দীপদা কিছু বলার আগেই আমি বলে উঠলাম: মানে!!

মা: হিন্দু ধর্মের মেয়ে না তুই? সিঁদুরের দাম জানিস না? একবার সিঁথিতে পড়লে..

মা শেষ করার আগেই আমি বললাম: হ্যাঁ হ্যাঁ জানি,কিন্ত তা বলে একটা এক্সিডেন্টকে বিয়ে বলে মেনে নিতে হবে আমাকে? এতটাও গোঁড়া হওয়া ভালো না মা|

মা: আমার বা তোর এতে কিছু করার নেই পৃথা, পুরোহিত মশাই যা বলবেন তাই হবে|

আমি: কেন? ওনার কথা কেন শুনব আমি? বিয়েটা ওনার নাকি আমার যে ওনার কথা শুনতে হবে আমাকে?

মা: উনি বয়োজ্যেষ্ঠ না?

আমি: বয়সে বড় বলে ভুল ঠিক যা বলবে তাই শুনতে হবে কেন?

মা: তুই বুঝতে পারছিস না...

আমি: আমি সব বুঝতে পারছি শুধু এটা ছাড়া যে তোমরা আমার মা-বাবা হয়েই এসব কি করে বলছ!

মা কিছু একটা বলতে চাচ্ছিল,দীপদা মাকে থামিয়ে দিয়ে বলল: আমি ওকে বুঝিয়ে দিচ্ছি আন্টি,আপনি চিন্তা করবেন না|

মা: বোঝাও|

মা বেরিয়ে যেতেই আমি দীপদার দিকে তাকিয়ে বললাম: তুমিও!

দীপদা: না বললে আন্টি চুপ করত না|

আমি: হম্ম|

দীপদা: একটা প্রশ্ন জিজ্ঞাসা করি?

আমি: বলো।

দীপদা: কাউকে ভালোবাসিস?

আমি: না।

দীপদা: বুঝলাম।

খানিক্ষণ চুপ করে থেকে দীপদা উঠে দাঁড়ালো, বলল: রেস্ট নে,আর ভাবিস না বেশি।

দীপদা বেরিয়ে গেলো,আমি বসে রইলাম চুপ করে।

কতক্ষন বসে ছিলাম জানিনা,হঠাৎ দরজা খোলার শব্দে সম্বিৎ ফিরে পেয়ে চমকে ঘুরে তাকালাম। দেখলাম বিপু এসেছে,স্নান করে নিয়েছে ফ্রেস হয়ে নিয়েছে ও। আমার পাশে এসে বলল: থেয়েছিস কিছু?

আমি: মন নেই।

বিপু: পৃথা শোন..দেখ..আমি জানি আমি যেটা বলবো সেটা তোর ভালো লাগবে না কিন্তু...

আমার চোখ দুটো ছলছল করছিল,আমি সেভাবেই ওর দিকে তাকালাম,ও থেমে গেল। বলল: দেখ দীপদা কিন্তু থারাপ মানুষ না।

আমি: তুই কি আমাকে বিয়ে করে নিতে বলছিস?

বিপু মেঝের দিকে তাকিয়ে বলল: দেখ তুই ব্যাপারটা যত তাড়াতাড়ি মেনে নিস ততই ভালো, কারণ ওখানে যারা তারা সবাইই বিয়ের পক্ষে মত দিয়েছে। তাই..

আমি: তাই আমাকে বিয়েটা করতে হবে,তাই তো?

বিপু নিঃশব্দে মাথা নাড়লো। আমি অবাক হয়ে তাকিয়ে রইলাম,কোথা থেকে কি হয়ে গেল!

বিপু আকুতির চোখে আমার দিকে তাকিয়ে বলল: প্লিজ পৃথা,একটু শোন,নাহলে আমাদের বিয়েটা আর হবে না..এমনিই সবাই প্রচন্ড টেন্সড..

আমি খানিক্ষণ চুপ করে থেকে একটা দীর্ঘশ্বাস ফেলে বললাম: বেশ...আমি রাজি।

বিপু আমার হাত দুটো ধরে বলল: থ্যাংকস।

আমি স্নান হাসলাম,ভাষা খুঁজে পেলাম না বলার মত।

বিপু উঠে বাইরে চলে গেল,হয়ত সবাইকে খবরটা দিতেই। আমি কি করব বুঝতে না পেরে বসে রইলাম চুপ করে। বাইরের দিকে তাকিয়ে বুঝলাম বেলা গড়িয়েছে অনেকটাই। হঠাৎই গলার কাছটা ব্যাথা করে উঠলো,প্রচন্ড কান্নার

তোর,যেটাকে এতক্ষন আটকে রেখেছিলাম সেটা অবাধ্যের গড়িয়ে পড়তে লাগলো দুচোখ দিয়ে,আমি কাঁদতে কাঁদতে নীচে বসে পড়লাম।

কতক্ষন কাঁদছিলাম জানিনা,হঠাৎই দরজায় নক শুনে সম্বিৎ ফিরে পেলাম যেন। কোনমতে চোখ দুটো মুছে উঠে দাঁড়ালাম। দরজা খুলে দেখলাম দীপদা। ভেতরে ঢুকে সুইচ বোর্ড খুঁজে নিয়ে এলো জ্বালালো। তারপর বলল: যা চেঞ্জ করে আয়,এখনো চেঞ্জ করিসনি!

আমি কিছু না বলে ওয়াশরুমে ঢুকে গেলাম। ড্রেস চেঞ্জ করে চোখে মুখে জল দিয়ে বেরিয়ে এলাম।

দীপদা: খাসনি নিশ্চয় কিছু?..

আমি কথা শেষ না করতে দিয়েই বললাম: হঠাৎ এখানে?

দীপদা আপনার প্রশ্নে থতমত খেয়ে গিয়ে বলল: না মানে..

আমি গিয়ে বিছানার একপাশে বসলাম। দীপদা আবার বলল: তোকে জোর করে রাজি হতে হবে না।

আমি: তোমাকে কে বলল আমি জোর করে রাজি হয়েছি?

দীপদা: সব কথা বলতে হয়না।

আমি একটু অবাক হয়েই ওর দিকে তাকালাম। ওর অবশ্য তাতে বিশেষ ক্ষেপ ছিল না,ও প্লেটে খাবার বাড়তে বাড়তে বলল: বহু কষ্টে তোর পছন্দের জিনিস জোগাড় করেছি,এবার লক্ষী মেয়ের মত খেয়ে নে।

আমি অবাক চোখে ওর দিকে তাকিয়ে আছি দেখে দীপদা আমার পাশে এসে বলল: আমি জানি পুরোটা মেনে নিতে আমাদের দুজনেরই অনেকটা সময় লাগবে। কিন্তু এগুলো তো ধীরে ধীরে জেনে নিতে হবে তাই না? তুই সময় নে,আমার আপত্তি নেই এতটুকুও,শুধু...

আমি: শুধু কি?

দীপদা: দাদা বলিস না প্লিজ...

দীপদার কথা শুনে হেসে ফেললাম আমি,দীপদাও হাসতে লাগলো আমার সাথে।

দীপদা হাসতে হাসতে বলল: নে খেয়ে নে এবার। আর মন খারাপ করিস না, সব ঠিক হয়ে যাবে।

আমি: হুউ।

কি মনে হলো জানিনা. এগিয়ে গিয়ে দীপদাকে জড়িয়ে ধরলাম, ভেতরে ভেতরে কোথায় যেন একটা অস্থিরতা কাজ করেছিলো। দীপদা ওহ সরি, দীপ মাথায় হাত বুলিয়ে দিতে লাগলো।

পরের দিন...

সকালে উঠে স্নান করে নিলাম| কিছুটা দোনামনার মধ্যেই একচিলতে সিঁদুর লাগিয়ে নিলাম সিঁথিতে, মা কখন যেন এসে সিঁদুরের কৌটো রেখে গিয়েছিল টেবিলে, তারপর চুল দিয়ে ঢেকে দিলাম সেটাকে| বাইরে বেরিয়ে দেখলাম বিয়ের প্রস্তুতি একদম তুঙ্গে, যদিও রাত্রে বিয়ে হবে| বিপু দই চিঁড়ে খেয়ে স্নান করে তৈরি হয়ে নিয়েছে| আমি গিয়ে ওর পাশে দাঁড়ালাম| আমাকে দেখে মৃদু হাসলো ও,আমিও হাসলাম| লক্ষ্য করলাম সবাই বেশ অবাক ভাবে তাকাচ্ছে আমার দিকে| অস্বস্তি হলেও সেটাকে ইগনোর করার চেষ্টা করলাম| একটু পরেই সুস্মিতা আন্টি আর মাকে দেখতে পেলাম,খুব গভীর কিছু একটা চিন্তায় মগ্ন দুজন| আমাকে দেখে মা ডাকলো," এই পৃথা...এদিকে আয়..."

আমি বিপুকে বলে মায়ের কাছে গেলাম| মা আমাকে দেখে বলল: আপাতত তোর কলেজ বা ইউনিভার্সিটির কোন কাজ আছে?

আমি: না...আপাতত নেই,.. রেজাল্ট দিলে তারপর তো ইউনিভার্সিটির কাজ শুরু হবে|

মা: তাহলে তোদের বিয়ের সময়টা এখনই ঠিক করে ফেলতে হবে,দেরি করা যাবে না|

আমি ভ্রু কুঁচকে তাকালাম,মায়ের কথাটা ঠিক বোধগম্য হলো না আমার| আমি কিছু বলার আগেই সুস্মিতা আন্টি বলল: আরে ওকে অযথা চাপ দিচ্ছিস কেন? আমরা কিছু একটা ঠিক করলেই তো হলো..

মা: হম্ম |

আমি নির্বাক দর্শকের মত দাঁড়িয়ে রইলাম| দীপ আন্টিকে খুঁজতে এসেছিল,আমাকে দেখে হাসলো,আমিও হাসলাম প্রত্যুত্তরে|

বেশ কিছুটা অলস ভাবেই সকালটা কাটলো আমার| দুপুরের রোদ একটু পড়তেই শুরু হয়ে গেলো জোরদার প্রস্তুতি| লাল লেহেঙ্গায় বিপুকে পুরো রাজকন্যার মত লাগছিল,চোখ ফেরানো যাচ্ছিল না ওর দিকে থেকে| আমি একটা রোজ গোল্ড রঙের লেহেঙ্গা পরলাম,এটাও বিপু ঠিক করে রেখেছিল| সময় কেটে যেতে লাগলো দ্রুত| এর মাঝে একবারই আমার দীপের সাথে দেখা হয়েছিল,ও অবশ্য আন্টির সাথে দেখা করতে এসেছিল,আমার সাথে চোখাচোখি হয়েছিল তখন| অবাক-ও হয়েছিলাম বেশ কিছুটা,বিপু আর নিলয়দা মিলে কি সবার ড্রেস কোড ঠিক করেছে! আমরা সব বন্ধুরা যেমন রোজ গোল্ড লেহেঙ্গা পরেছি,তেমন নিলয়দার বন্ধুরাও সবাই রোজ গোল্ড রঙের কুর্তা আর পাজামা পরেছে|অদ্ভুত!

লগ্ন বেশ রাতের দিকে ছিল,তাই বিয়ে শুরু হতে বেশ দেরি হলো। আমি আবার ঘুম প্রিয় মানুষ, রাত একটু গভীর হতেই চোখ দুটো ঘুমে বুজে এলো আমার,অনেক কষ্টে জেগে থাকার চেষ্টা করতে লাগলাম। ঘুমের সঙ্গে লড়াই করতে করতে দীপ যে কখন পাশে এসে দাঁড়িয়েছে বুঝতে পারিনি। কানের কাছে হঠাৎ নিচু স্বরে "ঘুম পেয়েছে?" শুনে চমকে উঠে ঘুরে তাকিয়ে ওকে দেখতে পেলাম।

আমি: হম্ম।

দীপ: আরেকটু জেগে থাক,হয়ে যাবে।

আমি: হম্ম জানি।

দীপ: কচু জানিস।

আমি: তুমি এমন করে বলছ যেন এর আগে দশটা বিয়ে করেছ!

দীপ: করেছিই তো।

দীপের কথা শুনে আমার ঘুম উড়ে গেল,আমি ওর দিকে বড় বড় চোখ করে তাকিয়ে বললাম: কি!

দীপ ঠোঁটের কোণে একটু মৃদু হেসে বলল: এই তো ঘুম উড়ে গেছে।

আমি: তুমি দশটা বিয়ে করেছ নাকি আগে!

" কি জানি" বলেই অন্যদিকে চলে গেল দীপ,আমাকে কিছু বলার সুযোগ না দিয়েই। আমি চোখ বড় বড় করে ওর দিকে তাকিয়ে রইলাম,অদ্ভুত!

বিয়ে শেষ হতে হতে ভোর রাত হয়ে গেল। ভারী লেহেঙ্গা সামলে,সারারাত জেগে তখন ক্লান্ত অবস্থা আমার। রিসেপশন-ও এখানেই হবে,তাই এখনই বিপুর বিদায় হচ্ছে না বলা যায়। কয়েকজন শেষ রাতে বাসর রাত জাগবে বলছিলো,কিন্তু আন্টি সবাইকে ঘরে পাঠিয়ে দিলো। পরের দিনই রিসেপশন,একটু না ঘুমালে কেউই এনার্জি পাবে না। আমি রুমে এসে কোন মতে চেঞ্জ করে উল্টে গেলাম থুড়ি ঘুমিয়ে পড়লাম।

ঘুম ভাঙলো দরজার ধাক্কানোর শব্দে। গভীর ঘুমে থাকার জন্য কোথায় আছি কি হচ্ছে সেটা বুঝতে কয়েক সেকেন্ড সময় লাগলো। উঠে দরজা খুলতেই দেখলাম বাইরে মা দাঁড়িয়ে আছে,আমাকে দেখেই বলল: এখনো ঘুমাচ্ছিস! ওঠ জলদি।

আমি: কেন? কি হয়েছে?

মা: কি আবার হবে? বিয়ে বাড়িতে কেউ অত দেরি অব্দি ঘুমায় না। নে নে জলদি রেডি হয়ে নে।

" হুম্ম" বলে আমি দরজা লক করে দিয়ে বিছানায় এসে বসলাম| ফোনটা টেবিল থেকে তুলে দেখলাম সাড়ে ৯ টা বাজে| বিয়ে বাড়িতে মানুষ ভোর রাত অব্দি জাগতে পারে, কিন্তু দেরি করে উঠতে পারে না!অদ্ভুত!

উঠে ফ্রেস হয়ে বাইরে এলাম| আর পড়লাম তো পড়লাম শাওনদার সামনে| শাওনদার দিকে তাকিয়ে চমকে গেলাম, টলছে রীতিমত| চোখ দুটো দেখে বুঝলাম নেশা করে এসেছে| আমি পাশ কাটিয়ে চলে যাবার চেষ্টা করলাম,কিন্তু...

আমি পাশ কাটিয়ে চলে যাবার চেষ্টা করলাম, কিন্তু শাওনদা আমার হাত চেপে ধরলো। আমি কেঁপে উঠলাম সামান্য,সাথে ভয়-ও পেলাম একটু। আমাকে কিছু বলতে না দিয়ে শাওনদাই বলে উঠল: এটা কিন্তু ঠিক করলি না তুই আমার সাথে...

আমি: আমি কিছু করিনি।

শাওনদা হেসে উঠল, বলল: হম হম বুঝি,আর বলতে হবে না তোকে। তোকে ছাড়বো না আমি।

কথাটা বলেই আমার হাতটা ছেড়ে দিয়ে চলে গেল

শাওনদা,আমি চুপ করে দাঁড়িয়ে রইলাম,কি সব বলে গেল!

" কি রে,দাঁড়িয়ে আছিস কেন এমন হতভম্বের মত?" দীপের ডাকে হুশ ফিরলো আমার। ওর দিকে তাকিয়ে দেখি অবাক ভাবে আমার দিকেই তাকিয়ে আছে ও।

দীপ: কি রে? কোথায় হারিয়ে গেছিলি?

আমি: না না.. হারাতে যাব কেন?

দীপ: তাহলে?

আমি: ও কিছু না।

আমি শাওনদার ব্যাপারটা এড়িয়ে যাওয়ার চেষ্টা করলাম, যতই হোক,আমার কথায় যদি ওদের এত বছরের বন্ধুত্ব ভেঙে যায় তাহলে আমার মোটেই ভালো লাগবে না। আমি কথা ঘোরানোর জন্য বললাম: তুমি এখানে কি করছ?

দীপ: তোকে খুঁজতে এলাম।

আমি: হঠাৎ আমাকে খুঁজতে?

দীপ: আন্টি বলল তাই... তুই নাকি পড়ে পড়ে ঘুমাচ্ছিলি।

আমি ঠোঁট ফুলিয়ে বললাম: আমি মোটেই পড়ে পড়ে ঘুমাচ্ছিলাম না।

দীপ ঠোঁট উল্টে বলল: আমি কি জানি! চল আপাতত।

আমি: হম্ম চলো।

বাইরে গিয়ে দাঁড়ালাম, দীপ নিলয়দার ডাক শুনে কোথায় যেন গেলো। গেট সাজানো চলছে, খুব সুন্দর লাগছে দেখতে। সারি সারি রংবেরঙের ফুলে ভারী সুন্দর লাগছে জায়গাটাকে। মুগ্ধ চোখে দেখছিলাম আমি, হঠাৎ কানের পাশে আলতো ছোঁয়া পেয়ে কেঁপে উঠলাম।ঘুরে দেখি দীপদা,কোথা থেকে একগোছা জুঁই ফুল এনে গুঁজে দিয়েছে কানের পাশে। জুঁই ফুল আমার সবচেয়ে পছন্দের, আমি হেসে ওর দিকে তাকিয়ে বললাম: কি হলো হঠাৎ?

দীপ উত্তর দিলো না,বলল: তুমি মুগ্ধ হয়ে ফুল দেখো,আমি দেখি তোমায়।

আমি চোখ বড় বড় করে ওর দিকে তাকালাম, মাথা খারাপ হয়ে গেছে নাকি!

দীপ: অমন করে তাকাচ্ছিস কেন? মজা করছিলাম তো।

আমি চোখ সরু সরু করে তাকিয়ে বললাম: ও।

দীপ: হম।

দীপ চলে যেতে আমি আপন মনেই হেসে উঠলাম।

কনক কখন এসে পেছনে এসে দাঁড়িয়েছে বুঝতে পারিনি, ও আমার কাধে হাত রাখতে ঘুরে ওর দিকে তাকালাম। লক্ষ্য করলাম কনকের মুখে একগত বিষন্নতা খেলা করছে। আমি একটু অবাক কন্ঠেই বললাম: কিছু হয়েছে?

কনক: না..কি হবে?

আমি: মন খারাপ মনে হচ্ছে।

কনক: আমার ভালোবাসার মানুষটাকে নিজের করে নিয়ে জিজ্ঞাসা করছিস মন খারাপ কি না,বাহ!

আমি অবাক হয়ে গেলাম,বললাম: তুই কি ধ্রুবর সাথে টাইমপাস করছিস? সেটা দীপকে বললি না কেন?

কনক: জানিনা আমি। ধ্রুব...পারফেক্ট না রে আমার জন্য,যতটা দীপ ছিলো। তা ছাড়া ও তো চলে যাচ্ছে আধার দূরে। বুঝতে দেরি হয়ে গেল রে আমার,নাহলে কিছুই হতে দিতাম না এসব।

আমি কি বলব বুঝতে না পেরে চুপ হয়ে রইলাম। কনক আবার বলল: এত খুশি হোস না পৃথা,আমার জিনিসের প্রতি আমি একটু বেশিই সেনসিটিভ,এত সহজে তাকে পাবি না তুই।

কথাটা বলেই কনক চলে গেল,আমি দাঁড়িয়ে রইলাম কিংকর্তব্যবিমূঢ় হয়ে দাঁড়িয়ে রইলাম। এই মেয়েটা কি! কাউকে শান্তিতে থাকতে দেবে না!

রোদ চড়ছিল খুব,তাই বেশিক্ষন দাঁড়িয়ে থাকতে পারলাম না,ভেতরে গিয়ে দাঁড়ালাম| " এই পৃথা,গান গাইবি?" নিলয়দার ডাক শুনে ঘুরে তাকালাম,দেখলাম আমার দিকেই আসছে ও| আমি হেসে বললাম: হঠাৎ?

নিলয়দা: রাত্রে সব বন্ধুরা মিলে ছোটখাটো একটা অনুষ্ঠান করবো ভাবছি| তুই তো গান করিস,তাই ভাবলাম তোকেও বলি|

আমি: হম্ম..আমার অসুবিধা নেই|

নিলয়দা: বাহ, তাহলে তো ভালোই হয়|

আমি হাসলাম,বললাম না কিছু|

সন্ধ্যায় কনসার্ট করার চিন্তা ভাবনা করেছিল ওরা,তাই বেলা পড়তেই তৈরি হয়ে নিলো সবাই| বিপু নীল রঙের একটা লেহেঙ্গা পড়েছে,রাজকন্যার মত লাগছে ওকে| আমি সিওর ওকে দেখে নিলয়দা আজ হার্ট এট্যাক করবে| বিপুকে নিয়ে আমি আর কনক ঢুকতেই দেখলাম চারিদিক চুপ হয়ে গেল| নিলয়দার দিকে চোখ পড়তেই দেখলাম ও হাঁ করে বিপুকে দেখছে,আর দীপ ওকে খোচাচ্ছে মুখ বন্ধ করার জন্য| আমার-ও হাসি পেয়ে গেল,বহু কষ্টে সংবরণ করলাম নিজেকে| বিপু গিয়ে নিলয়দার পাশে দাঁড়াতে ও একটা মাইক নিয়ে কনসার্টের কথাটা ঘোষণা করলো| কয়েক মিনিটের মধ্যেই ইন্সট্রুমেন্টস চলে এলো, স্টেজের পরিধি বেশ বড়,তাই ধারে ধারে দাঁড়িয়ে গেল সবাই| প্রথম সুর ধরলো নিলয়দাই...

আমার আকাশ দেখা ঘুড়ি

কিছু মিথ্যে বাহাদুরি

আমার চোখ বেধে দাও আলো

দাও শান্ত শীতল পাটি.....

তুমি মায়ের মতই ভালো

আমি একলাটি পথ হাটি

আমার বিচ্ছিরি এক তারা

তুমি নাও না কথা কানে

তোমার কিসের এতো তাড়া

সে রাস্তা পার হবে সাবধানে..

নিলয়দার গান শেষ হতে স্টেজের ওপর ধ্রুবর আগমন ঘটলো,ওর মুখেও কোথাও যেন একটা মলিনতার ছাপ দেখতে পেলাম,কনকের সাথে ঝগড়া হয়েছে মনে হয়| ধ্রুবর কণ্ঠে যদিও বিষাদের ছাপ দেখতে পেলাম না| রবীন্দ্রনাথের সুরেই ও গেয়ে উঠলো...

কী করিলে বলো পাইবো তোমারে
রাখিব আঁখিতে আঁখিতে,
ওহে এত প্রেম আমি কোথা পাবো নাথও
হে এত প্রেম আমি কোথা পাবো নাথ
তোমারে হৃদয়ে রাখিতে,
আমার সাধ্য কিবা তোমারে
দয়া না করিলে কে
আপনি না এলে কে পারে
হৃদয়ে রাখিতে...

ধ্রুব নেমে যেতে দীপ উঠলো। ও শুরু করতে যাবে ঠিক এমন সময় নিলয়দা বলল: আচ্ছা এবার একটা কাপল সং শুনে নিলে হয়না? আপনারা হয়ত জানেননা আমাদের সদ্য বিবাহিত জুটি কিন্তু দারুন গান গায়। আমি চাই ওরা দুজন একসাথে একটা গান গায়।

আমি একটু আমতা আমতা করতে লাগলাম, কিন্তু দীপের কথায় শেষ অব্দি রাজি হতে হলো।

"প্রথম প্রেমের সেই
প্রথম লেখা চিঠি
প্রথম বলা ভালোবাসি।
আমিও বেহায়া মন
অকারণে অভিসারী
ডাক পাঠালেই ছুটে আসি।
শহরের ঠোঁটে গালে
লেগে থাকা অভিমানে
যেমন হারায় নাকচাবি।
কে যে কাকে ভালোবেসে
প্রথম হারালো মন
বাকিটা প্রেমের ছায়াছবি।
বলো,
আমি কি তোমার হতে পারি ?
বলো,
আমি কি তোমার হতে পারি ?
কিছু প্রেম কথাকলি

চোখের ভাষায় বলি
সবটুকু বোঝেনি সে জানি।
আমিও কি ভাবে তাকে
মুখ ফুটে ধরা দেই
মন আমার করে বেইমানী।
দুচোখের নীলাকাশে
শরত ঘনালে বুঝি
লজ্জা মেঘের আনাগোনা।
আমি তো কবেই তাকে
আমার করেছি শুধু
বোকা মন কেন যে বোঝে না।
বলো,
আমি কি তোমার হতে পারি ?
বলো,
আমি কি তোমার হতে পারি?"

গান শেষ করে আমি দীপের দিকে তাকালাম,ওর চোখের উজ্জ্বল্য যেন কথা বলছিল।

রিসেপশন শেষ হতে হতে বেশ রাত হলো। ঘরে এসে চেঞ্জ করে ক্লান্ত শরীরটা এলিয়ে দিলাম বিছানায়। কাল দুপুরের ফ্লাইটে ফেরা। ঘুমিয়ে পড়তে পড়তে বারবার কনকের কথাগুলোই ঘুরতে লাগলো আমার মাথার মধ্যে।

সকাল থেকে গোছগাছ করতে করতেই দুপুর হয়ে গেল। দমদম এয়ারপোর্টে নামতে নামতে সাড়ে 4 টে বেজে গেল।মা দীপ আর সুস্মিতা আন্টিকে আমাদের বাড়ি যেতে বলল, কিন্তু ওরা রাজি হলো না,বাড়িতে নাকি কিসব কাজ আছে। যাওয়ার সময় সুস্মিতা আন্টি মাকে বলল: আমার বৌমাকে তোর কাছে রেখে গেলাম,সামলে রাখিস।

অন্তর কথা শুনে আমি লজ্জায় লাল হয়ে এলোম, দীপের দিকে তাকিয়ে দেখি আড় চোখে আমার দিকে তাকাচ্ছে আর মিটিমিটি হাসছে। অসভ্য কোথাকার!

বাড়ি ফিরে আরো একটু ঘুমিয়ে নিলাম,জেট ল্যাগের জন্য বেশ ক্লান্ত লাগছিল। ঘুম থেকে উঠে নিচে নেমে দেখি বাবা-মা কিছু একটা গভীর চিন্তায় ব্যস্ত। আমি কিচেন থেকে এক কাপ কফি করে নিয়ে এসে সোফায় বসলাম,বললাম: কি আলোচনা হচ্ছে?

বাবা: তেমন কিছু না...ওই..

আমি: তা ওই টা কেমন কিছু?

মা: তোর বিয়ের কেনাকাটা শুরু করতে হবে তো এবার, বেশি সময় তো নেই হাতে,তাই-ই বলছিলাম তোর বাবাকে|

মায়ের কথা শুনে আমার হাসি পেল,কি বলব বুঝতে পারলাম না|

প্রসঙ্গ বদলানোর জন্য বললাম: আমাকে তাড়ানোর বড় তাড়া দেখছি তোমাদের|

মা: অমন বলে না,বিয়ে দিচ্ছি মানে কি তাড়িয়ে দেওয়া নাকি?

আমি কফি নিয়ে নিজের রুমের দিকে যেতে যেতে বললাম: আমার কাছে তো তাই-ই|

নিজের ঘরে গিয়ে বারান্দায় বসলাম| গরমের সময়, সন্ধ্যার হাওয়াটা খারাপ লাগছে না মোটেই| বসে থাকতে থাকতে আবার কনকের কথাগুলো মাথায় এলো আমার| কি করবে ও? ও তো সরাসরি দীপকে বলে দিতে পারে|আমার কি দীপকে বলা উচিত হবে?

ভাবতে ভাবতে নিজের ভাবনায় হারিয়ে গেছিলাম,হঠাৎ ফোন বেজে ওঠার শব্দে চমকে গিয়ে ঘরে ঢুকলাম| টেবিল থেকে ফন্ট তুলে দেখলাম দীপ ফোন করেছে| হঠাৎ ফোন করছে কেন? কল রিসিভ করতেই অপর পাশ থেকে দীপের গলা ভেসে এলো,

" তার মানে আমি যা ভেবেছিলাম তাই ঠিক,তাই তো?"

আমি অবাক হয়ে বললাম: মনে? কি ঠিক?

দীপ: জোর করে রাজি হয়েছিস তুই,তাই না? ঝামেলা এড়ানোর জন্য তখন বললি যে...

আমি বুঝতে পারলাম মায়ের রিপোর্ট করা হয়ে গেছে দীপের কাছে| আমি একটু কড়া গলায় বললাম: বাচ্চা মানুষের এসব বিষয়ে মাথা ঘামাতে নেই|

দীপ: আমি বাচ্চা মানুষ?

আমি: নয়ত কি?

দীপ: তাহলে তুই?

আমি: বড় মানুষ|

দীপ: থাক আর বলতে হবে না|

আমি: মা বলেছে না?

দীপ: হুম্ম|

আমি: হুঁ|

দীপ: জানিস বিয়ের ডেট ঠিক হয়ে গেছে?

আমি: না জানিনা,যেদিন বলবে সেদিন গিয়ে বসে যাব পিঁড়িতে|

দীপ: অদ্ভুত মেয়ে!

আমি: জানি তো|

দীপ: হ্যাঁ তুই তো সব জানিস|

আমি: জানিই তো|

দীপ: থাক আর ভুলভাল বকতে হবে না| রাখলাম আমি|

আমি: বুই|

কলটা ডিসকানেক্ট করে দিয়ে হাসতে লাগলাম, নিজের কথা শুনে আজকাল নিজেরই হাসি পাচ্ছে!

দু-সপ্তাহ পর বিয়ের ডেট ঠিক হয়েছে তাই ব্যস্ততা তুঙ্গে| আমার অবশ্য কোন মাথা ব্যাথা নেই,ঘুরে বেড়াচ্ছি নিজের মত| কলেজ থেকে রেজাল্ট দিয়ে দিয়েছে, দীপের সঙ্গে গিয়ে ওদের বাড়ির কাছের একটা ইউনিভার্সিটিতে ভর্তিও হয়ে এসেছি| আপাতত রেডি হয়ে ড্রইং রুমে বসে আছি,দীপের আজকে আমাকে ওর কোম্পানি দেখাতে নিয়ে যাওয়ার কথা| ওর বক্তব্য ওর হবু বউ,থুড়ি বউকে তো ওর কোম্পানির সবার চেনা উচিত| দীপ এলো আরো আধ ঘন্টা পর,এসেই কৈফিয়ত দেওয়ার সুরে বলল: রাস্তায় প্রচুর জ্যাম ছিল|

আমি হাসতে হাসতে বললাম: তুমি বুঝি সেই জ্যাম দিয়ে পাউরুটি খাচ্ছিলে?

দীপ সোফায় বসতে বসতে বলল: আরে ভিড় ছিল|

আমি ফোন থেকে চোখ সরিয়ে ওর দিকে তাকিয়ে বললাম: আমি কি কৈফিয়ত চেয়েছি?

দীপ জল খাচ্ছিল, গ্লাসটা টেবিলে নামিয়ে বলল: চল|

আমি: হম্ম চলো|

দীপ দরজার দিকে এগোতে এগোতে বলল: বিকেলে কি তোর কোন কাজ আছে?

আমি: না..কেন?

দীপ: ফিরতে দেরি হতে পারে,তাই,আর কেন!

আমি: হম্ম|

রাস্তার "জ্যাম" পেরিয়ে দীপের কোম্পানিতে পৌঁছাতে ঘন্টা খানেক লাগলো| দীপ ঢুকেই সবার আগে পরিচয় করলো ওর পি এ, লিসার সাথে| আমি হেসে হাত বাড়ালাম হ্যান্ডশেক করার জন্য,ও অবশ্য কোন ইন্টারেস্ট

দেখালো না| আমার একটু অপমানিত বোধ হলো,যদিও কিছু বললাম না| ও দীপের দিকে তাকিয়ে ওর কাঁধে হাত দিয়ে বলল: এসব কি দীপ? তুমি তো বলোনি তোমার পছন্দ এত চিপ? এই থ্যাতের থেকে তো আমি ভালো...আমাকে কি চোখে পড়ে না তোমার? তুমিই বলো,কে বেশি সুন্দর...

দীপ লিসার হাতটা সরিয়ে দিয়ে বলল: আমার কাছে মনটা বেশি ম্যাটার করে লিসা|

লিসা: তুমি কি আমার সাথে ভালো করে কথা বলে দেখেছ কখনো যে বুঝবে আমার মন কেমন?

দীপ: আমার মনে হয়না এটা এসব বিষয়ে আলোচনা করার সঠিক সময়| আর তা ছাড়া এ বিষয় যেকোন আলোচনাই চাই না|

কথাটা বলেই দীপ আমাকে নিয়ে অন্য উইংয়ের দিকে চলে গেল,কিন্ত লিসার কথাগুলো আমার মনে দাগ কেটে গেলো|

কোম্পানি থেকে বেরিয়ে চুপ করে গাড়িতে গিয়ে বসলাম আমি| দীপ হয়ত আন্দাজ করতে পারলো ব্যাপারটা| বলল: চল একটা জায়গায় যাই|

আমি: কোথায়?

দীপ: চল না,গেলেই দেখতে পাবি|

মিনিট দশেক পর গাড়ি গিয়ে থামল একটা ফাঁকা জায়গায়| নেমেই অবাক হয়ে গেলাম আমি,কারণ...

আমি অবাক হয়ে বাইরে গিয়ে দাঁড়ালাম, পাশেই একটা নদী বয়ে যাচ্ছে,নাম জানিনা যদিও| দীপ আমার পাশে এসে দাঁড়িয়ে হাত রাখলো আমার কাঁধে| আমি অবাক চোখে ওর দিকে তাকালাম,ওর অন্য হাতটা তুলে পড়ন্ত করল আকাশের দিকে| আকাশের দিকে তাকিয়েই আমার মন ভালো হয়ে গেলো| লাল-সাদা বেলুন উড়ছে আকাশে, উজ্জ্বল নীলের ওপর একটা সুন্দর প্রতিপ্রভার সৃষ্টি করেছে সেটা| আমি হেসে ফেললাম| দীপ ধীর স্বরে বলল: লিসার কথায় কিছু মনে করিস না,ও একটু অমনই|

আমি: হম্ম|

দীপ আমাকে ওর দিকে ঘোরালো,চোখে চোখ রেখে বলল: আমি তোকে বলেছিলাম না,আমার কাছে রং কোনদিনই ম্যাটার করে না? ম্যাটার করে মানুষের মন? তুই অন্যের কথা এত গায়ে মাখছিস কেন?

আমি: হম|

দীপ: মন খারাপ করিস না আর|

আমি: আইসক্রিম খাওয়াও,তাহলে আর করব না|

দীপ হেসে ফেলল,হাসতে হাসতে বলল: চল|

পাশেই একটা আইসক্রিম পার্লার ছিলো,দুজনে গিয়ে ঢুকলাম সেখানে| দীপ আমার দিকে তাকিয়ে বলল: দুটো বাটারস্কচ তো?

আমি: না আমার চকো চিপ|

দীপ ক্রু কুঁচকে আমার দিকে তাকালো,আমি আমতা আমতা করে বললাম: ও সেদিন..

দীপ: সেদিন কি?

আমি: আমি ভাবলাম তুমি বাটারস্কচ পছন্দ করো না,তাই বাটারস্কচ অর্ডার দিয়েছিলাম,কিন্তু তুমি তো...

আমার কথা শুনে দীপ মিটিমিটি হাসতে লাগলো,আর আমি রাগী চোখে ওর দিকে তাকালাম|

দোকানে বিশেষ ভিড় ছিল না,তাই আমাদের আইসক্রিম তাড়াতাড়িই চলে এলো| আইসক্রিম নিয়ে বাইরে আসতেই দীপ হাসিতে ফেটে পড়লো,বলল: একজন আমাকে জব্দ করতে গিয়ে নিজেই জব্দ হয়ে গেছে দেখছি!

আমি: হট|

দীপ তখনো হাসছে,আমি ওর পেটে আস্তে করে একটা গুঁতো দিয়ে বললাম: বেশি হাসলে কিন্তু তোমার আইস্ক্রীমটাও খেয়ে নেব|

দীপ কিছু বলল না,মোড়ক খুলে কামড় বসলো আইসক্রিমে| আমিও ওর দিকে তাকিয়ে ভাঙচি দিয়ে আইসক্রিমের মোড়ক খোলায় মন দিলাম|

বাড়ি ফিরতে ফিরতে সন্ধ্যে হয়ে গেলাম| বাড়ি ফিরেই অবাক হয়ে গেলাম,এরা তো বাজার করেই বাড়ি ভরিয়ে দিয়েছে| আমি সোফায় হেলান দিয়ে বসে বললাম: আমাকে তাড়ানোর প্রস্তুতিটা বেশ ভালোই হচ্ছে দেখছি|

দীপ: এই আমি কিন্তু বকা দেব এমন বললে|

আমি: হহ,অত সাহস নেই তোমার|

দীপ: তুই কি করে জানলি আমার কত সাহস?

আমি: জানি জানি|

দীপ জামার হাতা গুটোতে গুটোতে বলল: দেখা যাক কতটা জানিস..

আমি হাসতে হাসতে বললাম: মারামারি করবে নাকি?

দীপ: মানুষ কি শুধু মারামারি করার জন্যই স্লিভস গোটায়?

আমি: উম্ম না...হাত মুখ ধোয়ার জন্য-ও গোটায়|

দীপ খানিক্ষণ সরু চোখে আমার দিকে তাকিয়ে থেকে বলল: আনরোমান্টিক কোথাকার!

আমি হাসতে হাসতেই বললাম: আজ জানলে বুঝি?

দীপ কিছু বলল না,ঠোঁট উল্টে বসে রইল,আমিও হাসতে রইলাম,জানি ও ঠিক রেগে যাবে,ওকে রাগাতে একটু বেশিই মজা লাগে আমার|

দীপ: এই তুই হাসা বন্ধ করবি?

আমি: জ্বলছে বুঝি?

আমি কথাটা মজার ছলেই বলেছিলাম,কিন্তু এরপর দীপ যেটা করলো সেটা আমার কাছে অপ্রত্যাশিত ছিল| ও সটান সোফা থেকে উঠতে আমার সামনে এসে আমার মুখের ওপর ঝুকে পড়ে বলল: তাহলে আমিই হাসিটা বন্ধ করে দিই?

আমি ঘটনার আকস্মিকতায় হতভম্ব হয়ে গেছিলাম, আমতা আমতা করে বললাম: আব না...আব..

" এই কি করিস তোরা?" সিঁড়ি থেকে সুস্মিতা আন্টির গলার আওয়াজ পেয়ে এক সেকেন্ডে সরে গিয়ে নিজের জায়গায় বসলো দীপ| আমার হাঁফ ছাড়লাম, দীপই উত্তর দিলো: এই তো বসে আছি|

আমি চুপ করে উঠে নিজের রুমের দিকে চলে গেলাম,একটু দ্রুত পায়েই| বুকের মধ্যে একটা অজানা অনুভূতি হচ্ছে,কিন্তু কেন!

পরের দিন...

সকাল সকাল সূর্য মামার অত্যাচারে ঘুম ভাঙল| ঠিক কি কারনে উনি আমার ওপর অফেন্ডেড হয়ে অমন তেজদিপ্ত রশ্মি গুলো আমার মুখের উপর ফেলছিলেন কে জানে! যাই হোক উঠে ফ্রেস হয়ে নিলাম| ব্রেকফাস্ট করতে নেমে দেখলাম মা বাবা তৈরি হয়ে নিয়েছে,মামাবাড়ি যাবে,ওখান থেকেই নিমন্ত্রণ শুরু করতে হয়|

মা: এই পৃথা,চল না,ভালো লাগবে|

আমি: তোমরা যাও,ইচ্ছে নেই আমার|

মা: বাড়ির যাইয়ে যদি কোথাও বেরায় এই মেয়েটা!

আমি: জানোই তো বেরোব না,অযথা জিজ্ঞাসা করছ কেন!

মা: উফফ,এই মেয়েকে নিয়ে যে আমি কোথায় যাব!

আমি: আমাকে নিয়ে কোথাও যেতে হবে না,এখন মারাবাড়ি যাও|

মা আর কিছু বলতে যাচ্ছিল,বাবা মাকে থামিয়ে দিয়ে বলল: শুধু ঝগড়াই করবে নাকি যাবে? লেট হয়ে যাচ্ছে তো|

মা: হ চলো|

মা বাবা বেরিয়ে যেতে আমি দরজা লক করে দিয়ে ওপরে এসে বসলাম|

একবার ভাবলাম বিপুকে ফোন দিই,তারপর ভাবলাম না থাক,ব্যস্ত আছে হয়ত এখন| ফেসবুক খুলে বসলাম| দেখলাম কনক আর ধ্রুবদা রিলেশনশিপ স্ট্যাটাস আপডেট করেছে| ধ্রুবদার ট্রান্সফারের আপডেটটাও দেখেন পেলাম| কি করা যায় ভাবছি,এমন সময় স্ক্রিমের ওপর একটা লেখা ফুটে উঠলো," মি. ব্ল্যাক অবসেসড কলিং.."

আমি অবাক হয়ে ভাবলাম এ ঘাড় ত্যাড়াটা কেন ফোন করছে! ফোন রিসিভ করতেই ওপর পাশ থেকে দীপের গম্ভীর স্বর ভেসে এলো: হ্যালো...

আমি: বলে ফেলো|

দীপ: কি করিস?

আমি: ঘর পাহারা দিচ্ছি| তুমি হঠাৎ ফোন দিকে?

দীপ: না আসলে একটা কথা বলার ছিল|

আমি: হম বলো না|

দীপ: আব...মানে..কালকের জন্য...আই এম রিয়েলি সরি| আমি ইন্টেনসনালি কিছু করিনি,জাস্ট...

আমি: হ|

দীপ: এখনো রাগ করে আছিস?

আমি: হ্যাঁ বললে কি পাম দেবে?

দীপ: মোটেই না|

আমি: তাহলে না|

দীপ: হম্ম|

আমি চুপ করে রইলাম, খানিক্ষণ পর দীপ আবার বলল: ফাঁকা আছিস?

আমি: হম...কেন?

দীপ: না এমনিই।

আমি: মাথা থারাপ নাকি তোমার! ডাক্তার দেখাও ডাক্তার দেখাও...বিশ্বাস নেই যদি...

আমাকে থামিয়ে দিয়ে দীপ বলল: আচ্ছা আচ্ছা বুঝেছি। এখন রাখি তাহলে? মিটিং আছে।

আমি: হম বাই।

কল ডিসকানেক্ট করে দিতে যাব,এমন সময় ওদিক থেকে একটা কন্ঠ আমার কানে তীরের মত বিধলো। কি বলল সেটা শুনতে পেলাম না,কিন্তু গলাটা যে লিসার বুঝতে পারলাম। মুহূর্তেই একরাশ চিন্তা ঠিক হতাশার মত ঘিরে ধরলো আমাকে। কলটা ডিসকানেক্ট করে দিয়ে চুপ করে বসে রইলাম।

কি ওরা যায় ভাবছি,এমন সময় ফোনটা বেজে উঠলো এবার। আনমনে সেটা হাতে নিয়েই চমকে উঠলাম, ধ্রুব! থানিক্ষন দোনা-মনা করতে করতে শেষ অব্দি রিসিভ করেই নিলাম কলটা। ওপর প্রান্ত থেকে ধ্রুবর গলা ভেসে এলো মুহুতেই,দে গলায় হতাশার ছাপ স্পষ্ট!

আমি: হ্যালো...

ধ্রুব: হ্যালো পৃথা...কেমন আছিস?

আমি: ভালই...তুমি?

ধ্রুব: আমাকে ছাড়া বেশ ভালই আছিস তাহলে!

আমি: নিঃসন্দেহে। সময় তো আর কারো জন্য থেমে থাকে না।

ধ্রুব: ঠিক বলেছিস।

আমি: হঠাৎ ফোন দিলে?কোন দরকার? কনকের সাথে ঝামেলা হয়েছে?

ধ্রুব হাসলো কিছুটা, কিন্তু সে হাসি যে তাচ্ছিল্যের তা সহজেই বুঝতে পারলাম আমি।

ধ্রুব: যে সম্পর্কটা এক্সিস্টই করে না,তাতে আবার ঝামেলা হবে কি করে রে?

আমি: এরকম বলছ...কি হয়েছে?

ধ্রুব: তেমন কিছু না... Just...it was not working.

আমি চুপ করে রইলাম,ধ্রুবই আবার বলল: আচ্ছা একটা রিকোয়েস্ট করব পৃথা? শুনবি?

আমি: বলো আগে।

ধ্রুব: আমরা কি আবার আগের মত হতে পারি না? আমি জানি আমার ভুল ছিল,তবুও বলছি একটা চান্স দিবি প্লিজ আমাকে?

আমি: সম্ভব না।

ধ্রুব: প্লিজ পৃথা,একবার ভাব,তুই তো ভালোবাসিস আমাকে,তাহলে...

আমি: ভাসতাম,ভাসি না। পাস্ট টেন্স।

ধ্রুব: আমি জানি তুই আমার ওপর রেগে আছিস,তাই এসব বলছিস...একবার আমাকে সুযোগ দে, আমি সব ঠিক করে দেব।

আমি: পারব না দিতে।

ধ্রুব: প্লিজ পৃথা।

আমি: আমি বিবাহিত সেটা মানো নিশ্চয়?

ধ্রুব: না মানি না...একটা এক্সিডেন্টকে বিয়ে বল চালিয়ে দিলেই হলো আরকি! আর তাছাড়া তুই তো তোর বাড়িতেই আছিস। তাহলে...

আমি ধ্রুবকে থামিয়ে দিয়ে বললাম: হম আমি আমার বাড়িতেই আছি,কারণ আমাদের বাবা মা আমদের পরিবারের সামনে আমদের বিয়েটা আরেকবার দিতে চায়।

ধ্রুব: পৃথা প্লিজ...একটু বোঝার চেষ্টা কর...

আমি: কিছু বোঝার নেই আমার।

ধ্রুব খানিক্ষণ চুপ করে রইল, দীর্ঘশ্বাস ফেলল হয়ত। তারপর বলল: একবার দেখা করবি?

আমি কি বলব বুঝতে না পেরে চুপ করে রইলাম। ধ্রুব আবার বলল: একবার দেখা কর...প্লিজ পৃথা।

আমি "দেখছি" বলে কল ডিসকানেক্ট করে দিলাম,মাথার মধ্যে হাজারো চিন্তা এসে ভিড় করলো নিমেষে। কি করব বুঝতে না পেরে শেষ পর্যন্ত বিপাশাকেই ফোন করলাম,যদি কোন সমাধান দিয়ে পারে। কয়েকবার রিং হওয়ার পরই ফোন রিসিভ করল ও।

আমি: হ্যালো...বিপু?

বিপাশা: হম পৃথা বল,কেমন আছিস?

আমি: আমি তো ভালো আছি, তোর ম্যারিড লাইফ কেমন চলছে?

বিপাশা: ভালই।

আমি: উম হম..

বিপাশা: হস।

আমি: শোন না,একটা কথা বলার ছিল।

বিপাশা: সে আমি বুঝতেই পেরেছি। বল কি হয়েছে।

আমি ধ্রুবর ফোন করার কথাটা বললাম বিপাশাকে। সব শুনে খানিক্ষণ চুপ করে থেকে ও বলল: দেখ...দেখা করবি কি না করবি সেটা তোর ব্যাপার.. এ ব্যাপারে আমি কিছু বলব না...তবে দিপদা কিন্তু অনেক ট্রাস্ট করে তোকে... তোকে জিজ্ঞাসাও করেছিল তোর সিদ্ধান্তের ব্যাপারে... ওর কথাটাও একটু ভাবিস।

আমি: হম।

বিপাশা: তোর জীবনের প্রাওরিটিগুলো তোকেই চুজ করতে হবে পৃথা। তুইই ভাব তুই কাকে চুজ করবি, যে অচেনা হয় ভিড়ের মধ্যে তোর হাত ছাড়েনি,নাকি যে নতুনকে পেয়ে তোকে ছুঁড়ে দিতে দ্বিধা করেনি? তোর ডিসিশন এটা।

আমি: হম।

বিপাশা: দেখ কি করবি। কি সিদ্ধান্ত নিলি জানাস। রাখলাম তাহলে আমি এখন..

আমি: বাই।

বিপাশা: হম বাই।

ফোন কেটে দিয়ে খানিক্ষণ চুপ করে বিছানায় বসে রইলাম আমি। তারপর নিজেকে শক্ত করে ধ্রুবকে মেসেজ করলাম, "Let's meet."

ধ্রুব মনে হয় আমার মেসেজের অপেক্ষাই করছিল,সঙ্গে সঙ্গে রিপ্লাই দিলো: বিকেলে সময় হবে?

আমি: হম।

ধ্রুব: নদীর ধারে দেখা কর তাহলে। সাড়ে 5 টার দিকে।

আমি: হম।

ফোনটা চার্জ বসিয়ে দিয়ে বিছানায় এসে বসলাম। মাথার মধ্যে হাজারো চিন্তা ঘুরপাক খাচ্ছে,যেগুলোর অধিকাংশর কারণই আমার অজানা। চিন্তার ধোঁয়া যেন কুন্ডলী পাকিয়ে উঠছে বারবার মনের মধ্যে। মনটাকে অন্য দিক নিয়ে যাওয়ার চেষ্টা করলাম। এদিক ওদিক তাকাতেই চোখ পড়লো গিটারটার দিকে। এগিয়ে গিয়ে সেটাকে তুলে টেবিলের ওপর রাখলাম। অব্যবহারে ধুলো জমেছে সেটার ওপর। কাবাড থেকে একটা ছেড়া কাপড়ের টুকরো বার করে মুছলাম সেটা। পরিষ্কার করে সেটাকে নিয়ে বসলাম খাটের ওপর। কতদিন সুর তুলি না! টিউন বাজানোর চেষ্টা করলাম, কিন্ত তাল কেটে গেল। অনভ্যাসের ফল। ধীরে ধীরে আবার শুরু করলাম, মাথার মধ্যে এখন একটাই গান ঘুরছে...

" আমার সবটুকু বিশ্বাস, যে দিয়েছে ভেঙে,

তাকে কৃতজ্ঞতা জানাই,

সে যে দিয়েছে আমায়..."

সময়ের নিয়মেই দুপুর গড়িয়ে বিকেল এলো, তৈরি হয়ে নিলাম আমি। নদীর ধারে পৌঁছাতে বেশি সময় লাগলো না,পাঁচটার একটি আগেই পৌঁছে গেলাম আমি। ধ্রুব অবশ্য এসে গেছিল,আমাকে দেখে এগিয়ে এলো কিছুটা। আমি কিছুটা দূরত্বে দাঁড়িয়ে বললাম: বলো কি বলবে?

ধ্রুব: দেখ আমি জানি আমার ভুল ছিল,কিন্ত তবুও...একবার কি ট্রাই করা যায় না? এবারে আমি আমার পুরো এফোর্ট দেব,কথা দিচ্ছি।

আমি: আগে যখন দাও নি,এখন আর দিতে হবে না। আর তাছাড়া আশা করি তুমি জানো যে আমি বিবাহিত।

ধ্রুব: আমি তো তোকে বললাম,ওই এক্সিডেন্টকে আমি বিয়ে বলে মানিনা।

আমি: আমি তো মানি,আর এতে আশা করি তোমার কিছু বলার নেই।

ধ্রুব: পৃথা প্লিজ,একটু বোঝার চেষ্টা কর...

আমি: আমার যা বোঝার আমি অনেক আগেই বুঝে গেছি,নতুন করে আর কিছু বুঝতে চাই না।

ধ্রুব: আমি জানি অভিমান থেকে এসব বলছিস তুই...একটু বোঝ আমার কথাটা...

আমি: আমি তোমাকে আর মেনে নেব না। এটার বাইরে যদি তোমার আমাকে আর কিছু বলার থাকে,বলতে পারো।

ধ্রুব চুপ করে দীর্ঘশ্বাস ফেলে একটা। আমি নিজেকে যতটা সম্ভব শক্ত রাখার চেষ্টা করে যাচ্ছি। বুকের মধ্যেটা হ হ করে উঠছে আমারো,কিন্তু আমাকে যে শক্ত থাকতে হবে। কয়েকটা নিশ্চুপ মুহূর্তের পর ধ্রুব বলল: সিদ্ধান্ত নিয়ে নিয়েছিস তাহলে?

আমি: অনেক আগেই নিয়েছি। যেদিন তোমাকে আর কনককে একসাথে ডেকেছিলাম সেদিনই...

ধ্রুব: আসি তাহলে আমি আরকি... কনগ্রাচুলেশন ফর ইওর নিউ লাইফ...

আমি: thanks।

ধ্রুব মাথা নেড়ে চলে গেল,আমি মাথা ঘুরিয়ে তাকালাম নদীর জলের দিকে,লালচে আভায় লাভা স্রোতের মত লাগছে জলটাকে। আমি বেশিক্ষণ দাড়ালাম না, ফিরে চলে এলাম,মা বাবা ফিরে এসে দেখতে না পেলে চিন্তা করবে।

বাড়ি ফিরে চুপ করে খাটে এসে বসলাম। কিছুই ভালো লাগছে না। ফোনটা সাইলেন্ট করা ছিল,ব্যাগ থেকে বার করে দেখলাম দীপের তিনটে মিসডকল। কি জানি কি দরকার ছিল! ড্রেস চেঞ্জ করে এসে চুপ করে বসলাম টেবিলে। ফোনটা নিয়ে কল করলাম ওকে। "বিজি" বলে কেটে গেল ফোন, ব্যাস্ত হয়তো মিটিংয়ে। আমি ফোনটা রেখে দিয়ে এসে আধ শোয়া হয় বসলাম বিছানায়, হাতে গল্পের বই। গল্পের মত মন ভালো করার টনিক আর হয় না,আমদের মনের ওপর এক অদ্ভুত প্রভাব বিস্তার করে এই গল্প। গল্পের চরিত্রদের সাথে আমরা হাসি, তাদের দুঃখে আমরাও কাঁদি। গল্প জিনিসটাই আসলে অদ্ভুত রকমের সুন্দর।

গল্প পড়তে পড়তে কখন ঘুমিয়ে গেছি খেয়াল ছিল না, ফোন বাজার শব্দে ঘুম ভাঙলো। উঠে টেবিল থেকে ফোনটা নিয়ে দেখলাম দীপ। স্ক্রিনের কোণে টাইমের দিকে নজর গেল আমার,সাড়ে 6 টা বাজে। ঘরের আলোটা জ্বালতে জ্বালতে কল রিসিভ করলাম।

দীপ: হ্যালো...

আমি: হ্যালো...ফোন করছিলে?

দীপ: কোথায় তুই?

আমি: বাড়িতে...কেন?

দীপ: না এমনিই। আঙ্কেল আন্টি চলে এসেছেন?

আমি: না আসেনি এখনো। তুমি বাড়ি পৌঁছে গেছ?

দীপ: না রাস্তায়।

আমি: ড্রাইভ করছ?

দীপ: হমম।

আমি: ড্রাইভ করতে করতে ফোন ঘাঁটতে নেই জানোনা?

দীপ: আরে ফোন ঘাটলাম কই?

আমি কিছু বলার আগেই নিচে দরজায় শব্দ হলো, আমি হেসে বললাম: ওই এলেন তোমার আঙ্কেল আন্টি।

দীপ: হু।

আমি: হু হু করতে হবে না,ফোন রাখো এখন। বাড়ি পৌঁছে ফোন কোরো।

দীপ: হম।

আমি কলটা ডিসকানেক্ট করে দিয়ে নিচে এলাম। বাবা ড্রইং রুমে বসে,মা ঢুকেছে ঘরে। আমি গিয়ে সোফায় বসলাম,বললাম: কোথায় কোথায় ঘুরলে?

বাবা: তোর মামাবাড়ি,মাসী বাড়ি সব কমপ্লিট করে এলাম। আর দু তিনদিন বেরোলেই হয়ে যাবে।

" কবে বেরোবে সেটা ঠিক করো...সময় কিন্তু বেশি নেই..." মায়ের গলা পাওয়া গেলো ঘর থেকে,আমি আর বাবা একসাথে হেসে উঠলাম।

দেখতে দেখতে সময় কেটে গেলো,আর ফাইনালি চলে এলো বহু আকাঙ্ক্ষিত দিনটা। কেন জানিনা আশেপাশের এত মানুষের উত্তেজনার মাঝেও আমি ঠিকঠাক খুশি হতে পারছি না,কোথাও একটা ইতস্তত ভাব থেকেই যাচ্ছে। সকাল থেকে নিয়ম এমনিই দধি মঙ্গল আর আর তারপর

গায়ে হলুদের অনুষ্ঠান হলো।

বেলা একটু গড়াতেই পার্লার থেকে সাজানোর লোকেরা চলে এলো। লগ্ন সেই কোন রাত্রে বেলা, তার জন্য আমাকে এখন থেকে তৈরি হয়ে বসে থাকতে হবে। কিসব! অবশ্য এখন অভিযোগ করার কোন স্কোপ নেই, যা হচ্ছে মেনে নিতে হবে। তৈরি হতে অবশ্য বেশ অনেকটা সময় লাগলো। সময় গড়িয়ে গেল স্রোতের মত, লগ্ন যেন এসে পড়লো চোখের পলকেই। ধ্রুব আর কনকের সাথে দেখা হলো, দুজনের মুখেই বিষাদের ছাপ, সে ছাপ যেন স্পষ্ট হয়েছে আরো। বিপাশা আর নিলয়দার সাথেও দেখা হলো, নিউলি ম্যারিড কাপেল বেশ আনন্দেই আছে। আমি চাই ওরা খুশি থাকুক। পিড়িতে তুলে মন্ডপে নিয়ে যাওয়া হলো আমাকে। সাত পাকে ঘোরার পর চোখ থেকে পান পাতা সরিয়ে প্রথমেই দেখে নিলাম মি.ব্ল্যাক অবসেসড আজকেও ব্ল্যাক পরে এসেছে কি না। সৌভাগ্য বশত কালোর বদলে ওনার পাঞ্জাবিতে স্থান পেয়েছে লাল রং। লালের ওপর সোনালী কাজ করা পাঞ্জাবিতে বেশ অন্যরকমের হ্যান্ডসাম লাগছে ওকে। খুঁটিয়ে লক্ষ্য করছিলাম, এমন সময় বিপুর, "ওরে চোখ নামা এবার, পরে দেখে নিজ ভালো করে" শুনে লজ্জা পেয়ে চোখ নামিয়ে নিলাম। ধুস আমিও না! কি যে করি!

দুজনে গিয়ে বসলাম মন্ডপে। দীপ আমার কানের কাছে মুখ নিয়ে এসে বলল: চোখ দুটো খুব সুন্দর লাগছে।

আমি: চোখ বড় বড় করে ওর দিকে তাকিয়ে বললাম: এখনো সুন্দর লাগছে?

দীপ: না ডাইনির মত লাগছে ।

আমি: ব্রহ্মদৈত্যিকে বিয়ে করছি, ডাইনি না হলে হয়?

দীপ কিছু না বলে চুপ করে গেল, সিঁদুর দানের সময় হয়ে গেছে।

পুরোহিত মশাই ওর হাতে কুনিটা দিয়ে মন্ত্র পড়তে লাগলেন, ও আগুনের দিকে তাকিয়ে কুনির মধ্যে থাকা সিঁদুরটা ঢেলে দিলো আমার মাথায়, কিছুটা গড়িয়ে এসে পড়ল আমার নাকে, মা পেছন থেকে লজ্জাবস্ত্র দিয়ে ঢেকে দিল আমার মুখ।

বিয়ে শেষ হতে হতে প্রায় ভোর হয়ে গেলো, তাই কারোরই আর বাসর রাত জাগা হলো না। পরের দিনই রিসেপশন, তাই ভোরের আলো একটু ফুটতেই বেরিয়ে পড়লাম আমরা। আমি মাকে কথা দিয়েছিলাম যাওয়ার সময় আমি একটুও কাঁদব না, সে কথা রেখেই হাসতে হাসতে বেরিয়েছি। কিন্তু বাড়ি থেকে বেরোতেই মন খারাপ হয়ে গেল। দীপ হয়তো কিছুটা

আন্দাজও করতে পারলো সেটা। জিজ্ঞাসা করলো: মন খারাপ?

আমি: হম, একটু।

দীপ' মন খারাপ করিস না।

সাড়ে ৪ টার দিকে পৌঁছে গেলাম। এক প্রস্থ নিয়ম কানুনের পর ভেতরে ঢুকে ফ্রেস হয়ে একেবারে স্নান করে নিলাম। নিচে নেমে দেখলাম রান্নার সিংহ ভাগ আন্টি করে ফেলেছে,আমকে দেখে বলল: আয় পায়েস টা একটু নেড়ে দে।

আমি মাথা নাড়লাম আন্টি আবার বলল: ভাত কাপড়ের অনুষ্ঠানটা জলদি জলদি শেষ করতে হবে। এমনিই অনেক ধকল গেছে কাল সারাদিন, একটু রেস্ট না নিলে রাত্রে ক্লান্ত হয় জাবি।

আমি আন্টিকে জড়িয়ে ধরে বললাম: আমার শাশুড়িটা আমাকে কত্তো ভালোবাসে!

আন্টি: এই একদম শাশুড়ি বলবি না,মা বলবি মা।

"আমাকে ওর ভাই না বানালেই শান্তি হচ্ছে না তোমার বলো?" বাইরে থেকে দীপের গলা শোনা গেলো। আমি হেসে ফেললাম। আন্টি বাইরে গিয়ে ওকে কান ধরে ভেতরে নিয়ে এলো, বলল: খুব হিংসে না?

দীপ: আহ মা! লাগছে তো! আমি কোথায় হিংসে করলাম?

আন্টি: থাক আর ভোলা সাজতে হবে না। বাইরে দারাবি চল,আমি থালা সাজিয়ে নিতে যাচ্ছি। তুইও যা।

শেষের কথাটা আমাকেই বলা হলো। আমি দীপের সাথে বাইরে গিয়ে বসার ঘরে বসলাম। আত্মীয় স্বজনে ভর্তি সে জায়গাটা। আন্টি থুড়ি মা মিনিট পাঁচেক পরেই একটা ইয়া বড় থালায় সব কিছু সাজিয়ে নিয়ে এসে দীপের হতে দিয়ে বললেন, এটা ওর হাতে দে,আর বল: আজ থেকে তোমার সমস্ত মন খারাপ, ভালো লাগা,মন্দ লাগা,সুখ দুঃখের দায়িত্ব নিলাম।

দীপ খালাটা নিয়ে আমার হাতে দিয়ে বলল. আজ থেকে তো..তোমার (তোর বলতে যাচ্ছিল বদমাইশ) সব মন খারাপ, ভালোলাগা,ভালোবাসা,সুখ দুঃখ,সবের দায়িত্ব নিলাম। দায়িত্ব নিলাম খারাপ সময়ে পাশে থাকার আর হাতটা শক্ত করে ধরে রাখার

আমি ক্র উঁচিয়ে ওর দিকে তাকালাম, এ আবার কবে এত কাব্যিক হলো!

বেলা গড়াতেই আরেকপ্রস্থ সাজতে বসতে হলো। বাইরে যাবার জন্য যখন উঠে দাড়ালাম তখ। ঘড়ির কাঁটা ৬ পেরিয়ে গেছে। ঘর থেকে বেরোতেই দেখা হলো দীপের সাথে,আমার জন্যই অপেক্ষা করছিল। অফ

হোয়াইট কুর্তার ওপর অরেঞ্জ ব্লেজার আর অফ হোয়াইট পাজামায় মী. ব্ল্যাক অবসেসডকে পুরো ঝিন্টু লাগছে।আমাকে দেখে বলল: ডাইনিকে দারুন লাগছে দেখছি আজ।

আমি: ব্রহ্মদত্তিকেও!

দীপ একে একে সবার সাথে পরিচয় করিয়ে দিল আমার। আমাকে সবার সাথে কথা বলতে বলে কাকে জানি একটা আনতে গেলো। আমি বিপুর সাথে কথা বলছিলাম,

হঠাৎই আমার চোখ পড়লো লিসার দিকে। ব্ল্যাক লাইন্ড ব্লাউজ আর জর্জেটের শাড়িতে মোহময়ী লাগছে ওকে। ককটেল হাতে নিয়ে মাম্মাম (সুস্মিতা আন্টি) এর সাথে গল্প করছে,আশেপাশের দুজন মধ্যবয়সী পুরুষ ও মহিলা সম্ভবত ওর মা বাবা। মাম্মামকে দেখলাম বেশ হাসিখুশি ভাবেই কথা বলছে ওদের সাথে,যেন বহু পুরনো পরিচিত কেউ। চোখ সরাতেই দেখলাম কিছু দূরে দীপ কথা বলছে কনকের সাথে। অবাক হলাম, কনকের তো এখানে আসার কোন কারণ নেই! বিপুর দিকে তাকিয়ে দেখলাম ওর-ও একই অবস্থা। আমকে সামান্য খোঁচা দিয়ে বিপু বলল: এই, এ এখানে কেন রে? কোন বদ মতলব আছে নাকি আবার?

আমি: ছেড়ে দে,কাউকেই কিছু বলিস না এখন। এখানে গন্ডগোল হলে দীপের সম্মান নিয়ে টানাটানি হতে পারে।

বিপু: হম।

আমি মাথা নেড়ে এগিয়ে গেলাম কনকের দিকে,দীপ আমাকে দেখতে পেয়ে কনককে বলল: এই তো তোমার বান্ধবী চলে এসেছে,নাও কথা বলো দুজনে।

দীপ চলে যেতে কনক আমার দিকে তাকিয়ে প্রশ্ন করলো: কেমন আছিস?

আমি: যেমন দেখতে পাচ্ছিস।

কনক: তবে যাই বল পৃথা,তোর সাথে কিন্তু দীপকে মানায় না। ওর চেহারা দেখ,আর তোর দিকে তাকিয়ে দেখ,একসাথে বড্ড অদ্ভুত লাগে তোদেরকে।

" একসাথে দেখতে কেমন লাগে তারচেয়ে একসাথে কতটা পথ হাঁটতে পারি সেটা ইম্পর্ট্যান্ট কনক। আর তুমি লুকসের কথা বলছ? লুকস তো সামান্য প্লাস্টিক সার্জারির মাধ্যমেই চেঞ্জ করে ফেলা যায়। কিন্তু মন? মন সুন্দর করা যায় এমন কোন থেরাপির নাম আমি শুনিনি। মনকে পরিচর্যা করতে হয়,তবেই মন সুন্দর হয়। আর আমার কাছে কে কেমন দেখতে,কাকে

আমার সাথে মানায়,কাকে মানায় না,সে সবের চেয়ে একটা সুন্দর মন অনেক বেশি গুরুত্বপূর্ণ।"

দীপ কখন পেছনে এসে দাঁড়িয়েছে বুঝতে পারিনি। ওর কথায় অবাক হয়ে ওর দিকে চেয়ে রইলাম। কনক আমতা আমতা করে বলল: না আসলে আমি তো...

দীপ: তুমি কি বলছিলে আমি। জানতে চাই না,জানার ইচ্ছেও নেই আমার। কিন্তু এরপর থেকে পৃথাকে আর একটা এমন কথা বললে আমার থেকে খারাপ কেই হবে না।

কথাটা শেষ করেই দীপ আমার হাত ধরে আমাকে এক প্রকার টানতে টানতেই অন্য দিকে নিয়ে গেল। বলল: তোর কি খেয়ে দেয়ে কাজ নেই? অযথা ওর সাথে কথা বলতে যাস কেন? জানিস তো ও কেমন, তবুও শিক্ষা হয়না না তোর?

আমি: আমি ভাবলাম তুমি হয়ত কোন কারণে ডেকেছ,তাই ই...

দীপ: হম ডেকেছি তো। আমি তোর সাথে কতটা সুখে আছি সেটাই দেখাতে ডেকেছি।

কথা শেষ করেই দীপ চলে গেল,আমি দাঁড়িয়ে রইলাম হতভম্ব হয়ে।

রিসেপশন শেষ হতে হতে অনেক রাত হলো। রুমে ঢুকে ঘড়িটার দিকে চোখ পড়তে দেখলাম 1 টা বাজে। দীপ এখনো বন্ধুদের সাথে আড্ডা মারছে। ঘুমে আমার চোখ বুঝে আসছিল,আমি দ্রুত চেঞ্জ করে শুয়ে পড়লাম। ক্লান্তির সোনার কাঠির ছোঁয়ায় ঘুম নেমে এলো আমার দু চোখে।

পরের দিন ঘুম ভাঙতে ভাঙতে বেশ বেলা হলো। উঠে কয়েক সেকেন্ডের জন্য হতো চকিত হয়ে গেছিলাম,এটাতো আমার বাড়ি নয়। তারপরেই মনে পড়লো আমার তো বিয়ে হয়ে গেছে। পাশে তাকিয়ে দেখি দীপ অন্য দিকে ফিরে ঘুমোচ্ছে। আমি মশারী সরিয়ে নেমে একেবারে স্নান করে নিলাম। শাড়ি তো পরতে পারি না,তাই সালোয়ার কামিজ বার করে পরে নিলাম। ঘড়ির দিকে তাকিয়ে দেখলাম সাড়ে 4 টা বাজে। দীপকে না উঠিয়েই দরজা সামান্য ফাঁক করে বাইরে এলাম আমি।

বসার ঘরে আত্মীয় স্বজনদের ভিড়,আমার আবার এদের মাঝে কেমন যেন অস্বস্তি লাগে। আমি তাই রান্না ঘরে মাম্মামের কাছে চলে গেলাম। মামাম আমাকে দেখে হেসে বলল: ঘুম হয়েছে?

আমি: হম।

মাম্মাম: আরেকজন কি এখনো ঘুমোচ্ছে?

আমি: হম।

মাম্মাম একটা চায়ের ট্রে আমার হাতে দিয়ে বলল: যা দিয়ে আয়। আর শোন,তুইও চা খেয়েনিস,আমাদের সবার খাওয়া হয়ে গেছে।

আমি অবাক হয়ে বললাম: কাকে?

আমার প্রশ্ন শুনে মাম্মাম হেসে ফেলল,বলল: তোর বরকে।

আমি: সে তো ওঠেইনি এখনো।

মাম্মাম: আহা,গিয়েই দেখ না।

আমি: হম যাচ্ছি।

চায়ের ট্রেটা নিয়ে ঘরে ঢুকতে দেখলাম সত্যিই মই.ব্ল্যাক অবসেসড উঠে পড়েছেন,বারান্দায় গিয়ে ফ্রি হ্যান্ড করছেন। আমি এগিয়ে গিয়ে টি টেবিলের ওপর ট্রে টা রাখলাম। আমার উপস্থিতি বুঝতে পেরে দীপ ঘুরে তাকিয়ে বলল: গুড মর্নিং।

আমি: গুড মর্নিং।

দীপ টেবিলে এসে বসে চায়ের কাপটা তুলে নিল,আমিও নিলাম। বললাম: আজকেই কি অফিস জ জয়েন করবে?

দীপ: হম... কেন?

আমি: না এমনিই।

দীপ: আচ্ছা শোন,তোকে একটা কথা বলা হয়নি।

আমি: কি?

দীপ: দীপ: লিসার বাবা, বাবার বন্ধু ছিলেন...কোম্পানিতে ওদেরও কিছুটা শেয়ার আছে।

আমি: হম তো?

দীপ: না বলে দিলাম...নাহলে তুই মায়ের সাথে ওদের সম্পর্কটা বুঝতে পারবি না।

আমি: হম। তুমি বেরোবে কখন?

দীপ: ঘন্টা দেড়েক পর বেরোব।

আমি: আচ্ছা।

আমি উঠে চলে আসছিলাম,এমন সময় দীপ বলল: তোর কলেজ কবে থেকে রে?

আমি: পরশু।

দীপ: আচ্ছা।

আমি নিচে এসে মাম্মাকে দীপের অফিস যাওয়ার কথাটা বললাম। মাম্মাম আমার কথা শুনে বলল: এ ছেলেটাকে নিয়ে যে কোথায় যাব! আজকেও এর অফিস যেতে হবে!

দীপ ব্রেকফাস্ট খেয়েই অফিস চলে গেল। বেলা বাড়তেই আত্মীয়দের ভিড় পাতলা হয়ে এলো। দুপুরে খেয়ে আরেকটু ঘুমিয়ে নিলাম। ঘুম ভেঙে উঠে দেখি সাড়ে 4 টা বেজে গেছে। দীপ কখন আসবে জানা নেই, সন্ধ্যার আগে ফিরবে বলে মনে হয়না। আমি মামমাম আর আমার জন্য চা করে মাম্মামের রুমে ঢুকতেই মাম্মাম বলল: কি করেছিস! তোকে চা করতে কে বলল? আমিই তো করতাম।

আমি: কেন? আমি করলে তুমি খাবে না বুঝি?

মাম্মাম: ধুস, তা কখন বললাম?

আমি: খাও তাহলে, আর খেয়ে বলো কেমন হয়েছে।

মাম্মাম হেসে ফেলল, বলল: আচ্ছা আচ্ছা খাচ্ছি।

দীপের ফিরতে ফিরতে সন্ধ্যে হয়ে গেল। আমি ওর জন্য চা করতে যেতেই মাম্মাম বলল: ও কফি খাবে রে, কফি কর ওর জন্য।

আমি: ক চামচ চিনি?

মাম্মাম: এক চামচ।

আমি দু কাপ কফি করে নিয়ে গিয়ে রুমে বসলাম। আমি নিচে গেছিলাম বলে আলো নিভিয়ে দিয়েছিলাম, আলোটা পর্যন্ত জ্বালেনি ছেলেটা! আমি আলো জ্বেলে কফির কাপ এগিয়ে দিলাম ওর দিকে। ফ্রেস হয় খাটে বসে এক মনে ফোন ঘাটছে, আর মাঝে মাঝে কাপে চুমুক দিচ্ছে। আমি যে রুমে আছি তা যেন সে বুঝতেই পড়ছে না। কি করা যায় ভাবতে ভাবতে হঠাৎ আমার মাথায় একটা বুদ্ধি এলো। আমি উঠে গিয়ে আমার ফোনটা নিয়ে এলাম, তারপর কল করলাম ওর নাম্বারে। দীপ অবাক হয়ে আমার দিকে তাকালো, আমি ওর দিকে না তাকানোর ভান করলাম। ও ফোন বিসিভ করতেই আমি বলে উঠলাম: প্রিয় গ্রাহক, আপনাকে আপনার ঘরে উপস্থিত মানুষদের প্রতি মনোযোগ দিতে অনুরোধ করা হচ্ছে, ধন্যবাদ।

বলেই ফোনটা কেটে দিলাম, দীপ আমার দিকে চোখ সরু সরু করে তাকিয়ে বলল: কি?

আমি: ঢুকে থাকো ফোনে।

দীপ: কাজ করছি তো।

আমি: অফিসে কি ঘুমোচ্ছিলে?

দীপ: কি অদ্ভুত! ঘুমোতে যাব কেন!

আমি: তাহলে আবার ঘরে এসেও কাজ করছ কেন?

দীপ: আচ্ছা বাবা করব না কাজ। বল কি হয়েছে?

আমি: কিছু না।

দীপ: মাথার স্ক্রু ঢিলা আছে নাকি তোর?

আমি: আমার না তোমার আছে।

দীপ: বকিস না।

আমি: ? ঠিকই বলেছি।

দীপ কোন উত্তর দিল না,কিছু মুহূর্ত কাটলো নীরবই। কিছুক্ষন পর আমিই আবার বললাম: ছাদে যাবে?

দীপ: চল।

গরমের বিকেল,সন্ধ্যার দিকে ঠাণ্ডা হাওয়ার ঝাপটা জুড়িয়ে দেয় মন,প্রাণ,শরীর। দুজনে মিলে ছাদে গিয়ে দাড়ালাম।

আমি: এই!

দীপ: কি?

আমি: একটা গান করো না।

দীপ: কি গান?

আমি: তোমার যা খুশী।

দীপ: যা খুশি বললেই হলো।

আমি গাল ফুলিয়ে বললাম: হম হলো।

দীপ: আচ্ছা আচ্ছা করছি।

আমি: হ।

দীপ:

Ruhaani si ik shaam hogi

Halki teri usmein aawaaz hogi

Ruhaani si ik shaam hogi

Halki teri usmein aawaaz ho

Tu naa jaaye kabhi, aitbaar karun

Tu naa jaaye kabhi, khuda se ye hi kahun

Main jo bhi hoon jaisa hoon

Tujhme rehta khota hoon

Tu mera aaj hai, mera kal hai

Meri zindagi ki duaa...

চুপ করে দীপের গান শুনছিলাম, সন্ধ্যের সাথে গানটা যেন মিলে যাচ্ছে পুরো। আমি নিঃশব্দে মাথা রাখলাম ওর কাঁধে। অবাক হলো হয়ত, তবে বলল না কিছু।

সময় কোন দিক দিয়ে চলে গেল বুঝতেও পারলাম না। আসলে বুঝতে চাইলাম না। আমাদের প্রত্যেকের জীবনেই এমন কিছু মুহূর্ত যখন আমাদের মনে হয় এ মুহূর্তটা না হয় হোক চিরস্থায়ী, জীবনের সৌন্দর্য অপূর্ব কলে ফুটে উঠুক এ মুহূর্তে। জীবনের সুখ দুঃখের হিসেব নিকেষ এর বাইরে গিয়ে স্থায়ী হোক এ মুহূর্ত।

হঠাৎ মামামের ডাক শুনে সম্বিত ফিরলো দুজনেরই। আমি দ্রুত পায়ে উঠে দাঁড়াতে গিয়ে টাল সামলাতে না পেরে পড়লাম দীপের ওপর,দীপ আমাকে বিয়ে ধরাশায়ী হলো মেঝেতে। আমি দ্রুত উঠে দাড়ালাম,দীপ উঠে জমা ঝাড়তে ঝাড়তে বলল: দেখে চলতে পারিস না?

আমি: অন্ধকার তো চলব কেমনে?

দীপ: চোখ জ্বেলে।

আমি চোখ বড় বড় করে ওর দিকে তাকিয়ে বললাম: আমার চোখ জ্বলে না বুঝেছ?

দীপ: হম হম বুঝেছি। যা এখন নিচে গিয়ে দেখ মা কেন ডাকছিল।

আমি: হ।

একটা দিন চোখের পলকে কেটে গেল। আজ আমার ইউনিভার্সিটির প্রথম দিন। সকালে তাড়াতাড়ি উঠে সালোয়ার কামিজ পরে তৈরি হয় নিলাম। দীপ উঠে বিছানায় বসে ফোন ঘাটছিল,আমাকে ডেকে বলল: শাখা পলা খুলে দিয়ে যাবি।

আমি অবাক হয়ে বললাম: কেন?

দীপ উঠে এসে আমার কাঁধে হাত রেখে বলল: আমি চাই তুই তোর পরিচয়ে পরিচিত হ। আমি তোর জীবনসঙ্গী হতে পড়ো,কিন্ত তোর পরিচয় শুধুই তোর। তুই কি চাস কেউ তোকে আমার বউ বলে চিনুক? নিজের পরিচয় সবচেয়ে বেশি গুরুত্বপূর্ণ,বুঝেছিস? আর শাখা পলা পরে যেতে এই কারণে বারণ করছি কারণ তাতে সবাই মজা করবে তোকে নিয়ে,আর সেটা আমি চাই না। বুঝেছিস?

আমি: হম।

আমি সিঁথিতে কিছুটা সিঁদুর লাগিয়ে চুল দিয়ে ঢেকে দিলাম। ব্যাগে দরকারি জিনিসপত্র ঢুকিয়ে নীচে নেমে মাম্মামের হাতে হাতে টেবিল গুছিয়ে দিলাম,এর মধ্যে দীপও চলে এলো। ব্রেকফাস্ট করে আমি ওর সঙ্গে বেরিয়ে পড়লাম।

কলেজের সামনে আমাকে নামিয়ে দিয়ে দীপ বলল: ছুটি হয়ে গেলে আমাকে ফোন করে দিবি। আমি এমনিতে 4 টের দিকে চলে আসব।

আমি: আচ্ছা।

কলেজে ঢুকেই একটা সমস্যা বুঝতে পারলাম। ওড়না পিন করিনি,বরাবর এদিক ওদিক উড়ছে ওটা। হঠাৎই ওড়নায় একটা টান অনুভব করলাম। পেছনে ঘুরে দেখি চশমার আড়ালে একজোড়া চোখ ঠিক একই ভাবে অবাক হয়ে তাকিয়ে আছে আমার দিকে। আমার ওড়নার এক কোন গিয়ে আটকেছে ওর ঘড়িতে। আমি দ্রুত পায়ে গিয়ে আমার ওড়নাটা ছড়িয়ে নিলাম। "Sorry" বলে চলে আসছি,এমন সময় পিছন থেকে " নিউ ব্যাচ?" শুনে থমকে দাড়ালাম। ঘুরে তাকিয়ে মাথা নাড়লাম। এবার সে এগিয়ে এলো আমার দিকে,হাতটা বাড়িয়ে দিয়ে বলল: হাই,আমি আদিত্য,আদিত্য বর্মন। আমিও নিউ ব্যাচ।

আমি হাতটা ধরে হ্যান্ডসেক করে বললাম: আমি পৃথা,পৃথা সেন।

আদিত্য: if you don't mind, আমরা কি একসাথে বসতে পারি?

আমি: সিওর।

আদিত্য: let's go.

ক্লাসরুমে গিয়ে পাশাপাশি দুটো ডেস্ক অধিকার করলাম আমরা। আদিত্য ব্যাগ রাখতে রাখতে বলল: ফ্রেন্ডশিপ করতে অসুবিধে নেই নিশ্চয়?

আমি: উম...না।

আদিত্য হেসে বলল: তা বাড়ি কোথায়?

আমি: কলকাতাতেই। তোমার?

আদিত্য: এই আপনি তুমি ফর্মালিটি করতে হবে না। আমাকে তুই দিয়ে বলবি।

আমি হেসে বললাম: আচ্ছা। তা বাড়ি কোথায় তোর?

আদিত্য: সিমলা। এখানে চান্স পেলাম,তাই চলে এলাম।

আমি: এখানে থাকিস কোথায়?

আদিত্য: কাছেই একটা মেসে।

প্রফেসর চলে আসায় আমরা পড়ায় মন দিল। প্রফেসর সবার সাথে পরিচয় করিয়ে দিলেন। তেমন বিশেষ কিছু ক্লাস হলো না। ছুটির সময় আদিত্য বলল: কি রে একা জাবি?

আমি: না নিতে আসবে।

আদিত্য: ইউনিভার্সিটির প্রথম দিনটা ভালো কাটলো কি বল? এসেই ঘড়িতে এক অপরিচিতার ওড়না আটকে গেল।

আমি ওর দিকে তাকিয়ে তিরস্কারের ভঙ্গিতে বললাম: আদিত্য!

আদিত্য: no no,call me আদি।

আমি হেসে বললাম: প্লে বয়দের মত শোনাচ্ছে।

আদিত্য: হট।

আমি: আচ্ছা আসি আমি। বাই।

আদিত্য: বাই।

দীপ বাইরে দাঁড়িয়ে ছিল,আমকে দেখে হাত নাড়লো। আমি ওর দিকে এগিয়ে যেতে বলল: কি রে,কলেজের প্রথম দিন কেমন কাটলো?

আমি: মোটামুটি।

দীপ: মোটামুটি কেন?

আমি ব্যাগটা ভেতরে রাখতে রাখতে বললাম: ওড়না পিন করা হয়নি,সেটা আবার গিয়ে একজনের ঘৃতে আটকে গেল,দিয়ে..

দীপ: দিয়ে কি?

আমি: দিয়ে আর কি? বন্ধুত্ব হয়ে গেল।

দীপ: ওও।

আমি: হম।

দীপ: তা নাম কি তার?

আমি: আদিত্য।

দীপ মাখা নাড়তে নাড়তে গাড়িতে গিয়ে বসলো,আমিও নমলাম ভেতরে। দীপ স্টিয়ারিং ঘোরাতে আরম্ভ করলো।

ঘরে ঢুকে ক্রেস হতে বিছানায় উল্টে পড়লাম,ক্লান্ত হয়ে গেছি। দীপ আমাকে উল্টে পড়তে দেখে বলল: কি রে,একদিন ইউনিভার্সিটিতে গিয়েই দম বেরিয়ে গেল?

আমি: মোটেই না।

দীপ: উল্টে পড়লি যে?

আমি: দে তো ইটু রেস্ট নেওয়ার জন্য।

দীপ হেসে ফেলল,বলল: ইটু মানে ঠিক কতটা?

আমি: ইটু মানে ইটু।

দীপ কিছু বলল না,হাসতে হাসতে মাথা নাড়তে লাগলো। আমি উঠে বসে একটা বালিশ টেনে কোলের কাছে আনতে আনতে বললাম: ফোনের মধ্যে ঢুকে কি করছ?

দীপ: কাজ।

আমি: করতে হবে না।

দীপ: আমি না করলে কি তুই করবি?

আমি: তোমার কোম্পানিতে এমপ্লয়ি নেই?

দীপ: আছে। তো?

আমি: তো তুমি সব সময় কাজ কাজ করো কেন?

দীপ: ডিল গুলো তো আমাকেই করতে হয় নাকি?

আমি: ঘরে এসে আর ডিল করতে হবে না।

দীপ ফোনটা চার্জে বসিয়ে খাটে বসতে বসতে বলল: আচ্ছা বল কি বলবি?

আমি ঠোঁট উল্টালাম।

দীপ: কিছু বলার নেই?

আমি হেসে ফেলে বললাম: এখন কি কথা বানাব?

দীপ: চাইলেও পারবি না।

আমি: কে বলল পারব না?

দীপ: আচ্ছা বল দেখি কেমন পারিস।

আমি চুপ করে রইলাম,বলে দিলাম পারব,কিন্তু কি বলব বুঝতে পারছি না। হঠাৎ একটা দুষ্টুমি বুদ্ধি এলো মাথায়,বললাম: মেরে বাবুনে থানা থায়া?

আমার কথা দীপ হাসতে লাগলো। হাসি থামতে বলল: বাহ বাহ,দারুন ক্রিয়েটিভিটি,এক্সিলেন্ট!

আমি: আমি তো জানি আমি কি।

দীপ: থাক থাক আর বলতে হবে না।

আমি কিছু বলার আগেই মাম্মাম চায়ের প্লে নিয়ে ঘরে ঢুকল,আমি উঠে দাড়াতে দাড়াতে বললাম: তোমার আসার কি দরকার ছিল,আমাকে বললেই তো আমি যেতাম..

মাম্মাম: বাবাহ! পুরো পাকা গিন্নির মত কথা বলছিস যে! আমি কি একটু চা টাও নিয়ে আসতে পারব না?

আমি: না তা নয়..

মাম্মাম: তারপর? কেমন কাটলো সারাদিন?

আমি: খুব ভালো।

দীপ আমার দিকে ক্রু কুঁচকে তাকিয়ে বলল: এই তুই না বেরিয়ে আমাকে বললি যে মোটামুটি?

আমি: সে তো তুমি ইউনিভার্সিটির কথা জিজ্ঞাসা করেছিলে।

দীপ: হ।

ট্রের দিকে তাকিয়ে দীপ ক্রু কুঁচকে বলে উঠল: আমার কফি কই?

মাম্মাম: চুপচাপ চা খা।

দীপ: তুমি জানোনা আমি কফি খাই?

মাম্মাম: কফি খেলে তো সেটা আনাও লাগে নাকি?

দীপ: আমাকে বলো নি তো যে শেষ হয়ে গেছে।

মাম্মাম: বলেছিলাম, ভুলে গেছিস।

দীপ: হম।

মাম্মাম: কাল নিয়ে আসিস মনে করে।

দীপ চায়ের কাপে চুমুক দিতে দিতে মাথা নাড়ল।

মাম্মাম চলে যেতে আমি বই খাতাগুলো খুলে সব বসতে যাব,এমন সময় ফোনে নোটিফিকেশন ঢোকার শব্দ হলো,পরপর বেশ কয়েকবার। আমি উঠে গিয়ে টেবিল থেকে ফোনটা নিয়ে এলাম। দীপ একবার আর চোখে দেখল ঠিকই,তবে কিছু বলল না।

ফোনটা হাতে নিয়ে দেখলাম অচেনা নামার থেকে মেসেজ এসেছে, "হ্যালো ম্যাডাম", "চিনতে পারছেন?"

আমি: ?

ওপর পাশ থেকে উত্তর এলো: আমি আদিত্য,আদিত্য বর্মন। এবার চিনতে পায়ছিস নিশ্চয়?

আমি হেসে ফেললাম, লিখলাম: হম হম পারছি।

আদিত্য: কি করিস?

আমি: এই বই খুলে বসতে যাচ্ছিলাম।

আদিত্য: আমার জন্য আর বসা হলো না দেখছি।

আমি: না না তেমন নয়। তুই কি করিস?

আদিত্য: এই ছাদে বসে হাওয়া খাচ্ছি।

আমি: ভালো করে খা,তাহলে আর ডিনার করতে হবে না।

আদিত্য:??

আমি: ?

আদিত্য: যা পড়তে বস।

আমি: তুই বস যা।

আদিত্য: আমার পড়া লাগে না,সব মুখস্ত আমার?

আমি: ঠিক আছে পরীক্ষায় দেখাস তাহলে আমাকে ।

আদিত্য: হম বসিস আমার পাশে,দেখাব।

আমি:?❖❖

আদিত্য কোন রিপ্লাই করলো না, অফ হয়ে গেল। আমি ফোনটা চার্জে বসিয়ে আপনমনেই হাসতে হাসতে বই খুলে বসলাম।

ডিনার শেষ করে বারান্দায় এসে দাঁড়ালাম। কয়েক পশলা বৃষ্টি হয়েছে একটু আগে,বাতাসে জলের কনা ভাসছে। দীপের জন্য অপেক্ষা করছি, ও এলে দুজনে মিলে ছাদে যাব। রাত্রে খাওয়ার পর ছাদে হাঁটা ওর অভ্যেস,এখন ওর সঙ্গে আমিও হাটি। দীপ ঘরে ঢুকতে ঢুকতে বলল: এই পৃথা...

আমি: কি?

দীপ: হাঁটতে যাবি?

আমি: হম চলো।

দীপ: ছাদে না,বাইরে।

আমি আকাশের দিকে তাকালাম,এখনই আবার বৃষ্টি নামার সম্ভাবনা আছে বলে মনে হয় না। আমি " হম চলো" বলতে বলতে ঘরে ঢুকলাম। দীপ তৈরি হয়ে নিতে গেল,আমি ওয়ার্ডরোব খুলে কি মনে করে একটা নীল শাড়ি বার করলাম। তৈরি হয়ে নিলাম দ্রুত। দীপ ঘরে ঢুকে আমাকে শাড়ি পড়তে দেখে অবাক হয়ে বলল: কোন অনুষ্ঠানে যাচ্ছিস নাকি? হঠাৎ শাড়ি?

আমি: এমনিই। ইচ্ছে হলো তাই। চলো।

দীপ: হম চল।

মাম্মাম ঘুমিয়ে পড়েছিল,তাই বাড়ির দরজায় তালা দিয়ে বেরিয়ে এলাম একটা। বাতাসে বেশ একটা শীত শীত ভাব আছে। রাস্তার ওপাশের জুঁই গাছ থেকে ফুলের গন্ধ জড়িয়ে বাতাস ভারী হয়ে আছে। বৃষ্টি ভেজা জুঁই ফুলগুলো যেন জল ঝেড়ে ফেলার জন্যই বাতাসের দোলায় দুলছে মৃদু মন্দ। আমাকে জুই ফুলের দিকে তাকিয়ে থাকতে দেখে দীপ কি ভাবলো জানিনা, এড়িয়ে গিয়ে এক থোকা ফুল তুলে এনে গুঁজে দিলো আমার খোঁপায়,আমি অবাক হয়ে ওর দিকে তাকালাম। দীপ: এবার ঠিকঠাক লাগছে।

আমি চোখ সরু সরু করে ওর দিকে তাকালাম।

দীপ: দাড়িয়েই থাকবি? নাকি হাটবি?

আমি: হম চলো।

ঠাণ্ডা হাওয়ায় মাঝে মাঝেই কেপে উঠছিলাম। চাদর ও আনিনি,আসলে বুঝতে পারিনি এতটা ঠাণ্ডা হবে বাইরেটা। হঠাৎই কাধে স্পর্শ পেয়ে চমকে ঘুরে তাকালাম। দেখি দীপ চাদর জড়িয়ে দিচ্ছে কাধেঁর আশেপাশে।

আমি ওর দিকে তাকিয়ে বললাম: তোমার ঠাণ্ডা লাগবে না?

দীপ: আমি নিয়ে এসেছি তো আমার জন্য।

আমি হেসে ওর দিকে তাকালাম,চশমার ফ্রেমের আড়ালে চোখগুলো যেন কথা বলছে। চোখ নিয়ে হাঁটা সুরু করলাম, দীপ তখনো শক্ত করে ধরে রেখেছে আমার হাত। অজানা এক ভালোলাগায় ভরে গেল আমার মন।

বাড়ি ফিরতে ফিরতে বেশ রাত হলো। ফ্রেস হয় ফোন হতে বিছানায় বসে দেখি আদিত্য মেসেজ করেছে, " গুড নাইট"," কাল যাবি?"

আমি ওকে গুড নাইট উইশ করে দিয়ে ঘুমিয়ে পড়লাম। ক্লান্ত ছিলাম,তাই ঘুমিয়ে পড়লাম।

পরের দিন...

তীক্ষ্ণ রোদের ঠেলায় ঘুম ভাঙলো। চোখ খুলে ঘড়ির দিকে তাকিয়ে তড়াক করে উঠে বসলাম। সাড়ে ৪ টা বাজে! বারান্দার দিকে চোখ পড়তেই দেখলাম দীপ স্নান করে তৈরি হয়ে নিয়েছে, ল্যাপটপে কি যেন করছে। আমি দ্রুত ফ্রেস হয়ে তৈরি হয়ে নিলাম। ব্যাগে বই খাতা গুলো কোন মতে ঢুকিয়ে নিচ্ছে নামলাম,সবাই অলরেডি ব্রেকফাস্ট টেবিলে বসে পড়েছে। দীপ আমাকে দৌড়ে দৌড়ে আসতে দেখে বলল: আরে আস্তে আস্তে। পড়ে জাবি তো।

আমি চেয়ারে বসতে বসতে বললাম: মোটেই না।

মাম্মাম: এই একদম খাওয়ার টেবিলে ঝগড়া শুরু করবি না তোরা,চুপচাপ খা।

আমি: তোমার ছেলেকে বলো।

দীপ: আমাকে বলার কি আছে? আমি সময়েই রেডি হয়ে নিয়েছি।

আমি: হুহ।

খাওয়া শেষ করে মাম্মামকে বাই বলে বেরিয়ে এলাম। দীপ আমাকে নামিয়ে দিয়ে চলে গেলো। ইউনিভার্সিটিতে ঢুকতেই চোখ পড়লো আদিত্যর দিকে, গাছের তলায় দাঁড়িয়ে ফোন ঘাটছে। আমাকে দেখে বলল: তোর জন্যই

অপেক্ষা করছিলাম।

আমি: তাই?

আদিত্য: হম।

আমি: নে চল এবার।

আদিত্য মাথা নেড়ে পকেটে ফোন ঢুকিয়ে হাঁটা শুরু করলো,ওর পাশে হাঁটতে লাগলাম আমিও।

ক্লাসে ঢুকে এদিক ওদিক খুঁজে জানলার ধার দেখে একটা বেঞ্চে বসে পড়লাম। আদিত্য আর পাশে বসতে বসতে বলল: রাত জেগে পড়ছিলি বুঝি?

আমি থানিক্ষণ চুপ করে থেকে বললাম: না সিনেমা দেখছিলাম।

আদিত্য: ও।

আদিত্যর কথা শেষ হওয়ার প্রায় সাথে সাথেই প্রফেসর ক্লাসে ঢুকলেন,তাই আদিত্য চুপ করে গেল,আর আমি হাঁফ ছেড়ে বাঁচলাম, এক্ষুনি মুভির নাম জিজ্ঞাসা করলে সমস্যায় পড়তাম।

লেকচার শেষ হতে বাইরে বেরিয়ে ক্যান্টিনের দিকে হাঁটতে লাগলাম আমরা,আকাশের দিকে তাকালে মনে হচ্ছে সূর্য যেন কোন এক প্রচন্ড আক্রোশে অতিরিক্ত আগুনের হল্কা ছুঁড়ে মারছে পৃথিবীর দিকে। আমাকে চুপ থাকতে দেখে আদিত্য বলল: কি রে কি ব্যাপার? মুড অফ নাকি?

আমি: হট।

আদিত্য: তাহলে চুপচাপ যে?

আমি: আরে ও কিছু না। কোক খাবি?

আদিত্য: হম খেলে হয়।

আমি: চল।

ব্রেকের পর আরেকটা ক্লাস ছিল,যদিও আজ একটু তাড়াতাড়িই ছুটি হয়ে গেল। বাইরে বেরিয়ে দেখলাম দীপ আসেনি এখনো। আমাকে দাড়িয়ে থাকতে দেখে আদিত্য বলল: আনতে আসবে কেউ?

আমি: হম।

আদিত্য: দাড়িয়ে থাকবি?

আমি: হম দাড়াই একটু।

আদিত্য: ঠিক আছে তাহলে আমিও দাড়াই।

আমি: তোকে দাড়াতে হবে কেন?

আদিত্য: বা রে,তোকে পাহারা দিতে হবে না? কেউ যদি তুলে নিয়ে চলে যায়?

আমি কনুই দিয়ে ওর পেটে খোঁচা মেরে বললাম: বদমাইশি হচ্ছে আমার সঙ্গে?

আদিত্য: আমি কোথায় বদমাইশি করলাম। যদি সত্যি তোকে কেউ তুলে নিয়ে চলে যায়?

আমি: আমাকে কেউ তুলে নিয়ে যাবে না, বুঝেছিস?

আদিত্য: কেন তুই কি প্রধান মন্ত্রীর মেয়ে?

আমি ওর মাথায় একটা গাড্ডা মেরে বললাম: খালি ভুলভাল কথা!

আমাদের কথার মাঝখানে কখন দীপ চলে এসেছে খেয়াল করিনি। হঠাৎ চোখ ঘোরাতেই চোখে পড়লো ওর গাড়িটা, ও গাড়ির ওপর হেলান দিয়ে দাড়িয়ে আমার দিকেই তাকিয়ে আছে। আমি আদিত্যকে বাই বলে চলে এলাম। আমকে আসতে দেখে দীপ সোজা হয়ে দাঁড়ালো, বলল: কি গল্প হচ্ছিল?

আমি: আদিত্য ভয় পাচ্ছিল আমি একা দাড়িয়ে থাকলে কেউ আমাকে তুলে নিয়ে চলে যাবে।

দীপ: তুই কি বললি?

আমি: আমি বললাম কোন চান্সই নেই আমাকে তুলে নিয়ে যাওয়ার।

দীপ: আচ্ছা তাই নাকি?

আমি: হম। আমি তোমার বউ না, আমাকে কে তুলে নিয়ে যাবে?

দীপ: হম।

কথাটা স্বাভাবিক ভাবে বললেও ওর ঠোঁটের কোনে হাসিটা আমার চোখ এড়ালো না। ব্যাপার কি, কি. ব্ল্যাক অবসেসড হঠাৎ হাসতে লাগলো কেন?

আমি চোখ সরু সরু করে তাকিয়ে বললাম: এই হাসছো কেন?

দীপ উত্তর না দিয়ে বলল: এখানেই দাড়িয়ে থাকবি নাকি বাড়িও জাবি?

আমি কিছু না বলে গাড়িতে উঠলাম, দীপ গাড়ি স্টার্ট দিতেই আমি আবার ওকে প্রশ্নটা করলাম: হাসছিলে কেন?

দীপ: এমনি।

আমি: ও আচ্ছা তার মানে তুমি পাগল?

দীপ: হম তোর প্রেমে।

আমি: কি!?

দীপ: আরে মজা করছি, লাফাস না এত। হাসি পেলো তাই হাসলাম। এখন কি হাসার জন্যও কারণ লাগবে নাকি?

আমি কিছু বললাম না, বাজে লোক কোথাকার!

আমি জানলার দিকে মুখ ঘুরিয়ে বসে আছি,একটি অভিমান নিয়েই। কেন অভিমান হয়েছে তা আমি জানিনা,তবে হয়েছে যে বুঝতে পারছি। দুজনেই চুপচাপ,গাড়ির মধ্যে লো ভলিউমে গান বাজছে...

Hai saaz tu, tera tarz main

Tu hai dava aur marz main

Dildaar tu.. khudgarz main

Hai geet tu, tere lafz main

Tu hai duaa aur farz main

Aazad tu aur karz main

Hai shaam tu, taareef main

Tu chain hai, taqleef main

Tujhse mila to paa liya

Har cheez main

Hai khwab tu taabeer main

Maana tujhe taqdeer mein

Tera hua is bheed main, is bheed main....

হঠাৎই দীপ বলে উঠলো: আইস্ক্রিম খাবি?

আমি কোন কথা না বলে চুপ করে রইলাম। দীপ আবার প্রশ্ন করলো: কি রে,বল.. হ্যাঁ, না না?

আমি: জানিনা যাও।

দীপ: রাগ হয়েছে?

আমি: জানিনা।

দীপ: অভিমান?

আমি: জানিনা...যাও তো।

দীপ: সত্যি চলে যাব?

আমি: হম যাও।

দীপ: আচ্ছা ঠিক আছে গেলাম তাহলে আমি। লিসা অবশ্য বলছিল...

আমি ওর দিকে ঘুরে তাকিয়ে চোখ দুটো ছোট ছোট করে বললাম: কি বলছিল?

দীপ: বলছিল যে ও নতুন ঘরে শিফট হচ্ছে...ওকে হেল্প করে দিলে ভালো হতো... যাই ওকে হেল্প করে দিয়ে আসি।

আমি: হম সেই,যাবেই তো। যাও যাও?।

দীপ: আচ্ছা ঠিক আছে... ওকে ফোন করে বলে দিই তাহলে যে আমি যাচ্ছি...

দীপ ড্যাস বোর্ড থেকে ফোনটা তুলতেই আমি ওর হাত থেকে ফোনটা প্রায় কেড়ে নিয়ে সুইচ অফ করে দিলাম। শখ কত! লিসাকে হেল্প করতে যাবেন উনি! হাত পা বেঁধে ঘরে ফেলে রাখব, অসভ্য কোথাকার!

দীপ এতক্ষণ চুপ বসেছিল,এবার হাসতে লাগলো,হাসতে হাসতে বলল: এতো জেলাসি মোটেই ভালো নয় ।

আমি: আমি মোটেই জেলাস নই।

দীপ: তাহলে ফোনটা ফেরত দে।

আমি: না দেব না।

দীপ আর কোন কথা বলল না, কয়েক মিনিট পর গাড়ি গিয়ে থামলো একটা আইসক্রিম পার্লারের সামনে। দীপ নেমে গেল, আমি রাগী রাগী চোখে তাকিয়ে রইলাম ওর দিকে,যদিও ও সেটাকে বিশেষ পাত্তা দিলো বলে মনে হলো না। ফিরে এলো মিনিট দশেক পরেই। ব্যাগগুলো পেছনে রাখতে রাখতে বলল: বাটার স্কচ আর ভ্যানিলা ফ্লেবার নিলাম, লিসার আবার ভ্যানিলা খুব পছন্দের। আমি ওর জানলার দিক থেকে মুখ ফেরালাম না,মনে মনে বললাম: হম যাও, ওকেই খাওয়াও গিয়ে।

বাড়ি পৌঁছাতেই আমি নেমে লম্বা লম্বা পা ফেলে ঘরে গিয়ে ঢুকলাম। চেঞ্জ করে ফ্রেস হয়ে বাইরে এসে দেখি দীপ এররই মধ্যে চেঞ্জ করে নিয়েছে। আমি একবার জ্বলন্ত দৃষ্টিতে ওর দিকে তাকিয়ে চোখ ফিরিয়ে নিলাম। ও মাম্মামকে বলে বেরিয়ে গেল। আমি বারান্দায় গিয়ে দাড়িয়ে গেলাম,মিনিট দুয়েক পরেই গাড়ির শব্দ দূরে মিলিয়ে গেল। দীপের গাড়িটা দৃষ্টি সীমার বাইরে চলে যেতেই কোন এক অজানা কারণে আমার দৃষ্টি ঝাপসা হয়ে গেল। হঠাৎই যেন একটা কষ্ট দোল পাকিয়ে এসে আটকে গেল গলায়। আরো খানিক্ষণ চুপচাপ বারান্দায় দাড়িয়ে থেকে ঘরে এসে ঢুকল, গাল গুলো ভিজে উঠছে বারবার।

" কি রে,অন্ধকার ঘরে কি করছিস?" দরজার বাইরে মাম্মামের গলা পেয়ে দ্রুত চোখদুটো মুছে নিলাম। বললাম: না.. মানে..মা..মাথাটা ব্যাথা করছে...তাই...

মাম্মাম ভেতরে এসে আলো জ্বেলে বলল: ওষুধ দেব?

আমি: না এমনিই কমে যাবে।

মাম্মাম: এসে থেকে না খেয়ে বসে আছিস যে? আরো শরীর খারাপ করবে তো...

আমি: হম হম খেয়ে নেব।

মাম্মাম: হম। রেস্ট নে আরেকটু, ঠিক হয়ে যাবে।

আমি: হম।

মাম্মাম দরজার দিকে এগোতে এগোতে প্রশ্ন করলো: দীপের সঙ্গে ঝামেলা হয়েছে নাকি তোর?

আমি চমকে উঠলাম, বললাম: কই না তো!

মাম্মাম: ও।

আমি: কেন?

মাম্মাম: না এমনিই।

আমি কিছু বললাম না, মাম্মাম এলো নিভিয়ে বেরিয়ে গেল, আমি বারান্দায় গিয়ে বসলাম।। দূরের ঘর গুলোয় আলো জ্বলছে, এখান থেকে আলোর বিন্দুর মতো মনে হচ্ছে সেগুলোকে। কতক্ষণ এভাবে বসেছিলাম জানিনা, দীপের গাড়ির আওয়াজ পেয়ে সচকিত হয়ে উঠলাম। ঘরে ঢুকে আলো জ্বালিয়ে ঘড়ির দিকে তাকিয়ে বুঝলাম প্রায় এক ঘন্টা বারান্দায় বসেছিলাম আমি! ব্যাগ থেকে একটা বই বার করে পড়ার চেষ্টা করলাম, যদিও মাথায় ঢুকছে না কিছুই। দীপ ঘরে ঢুকে ওয়ার্ডরোব খুলে জামাকাপড় নিয়ে চেঞ্জ করতে চলে গেলো। আমি বইয়ের দিকে তাকিয়ে আকাশ পাতাল চিন্তা করছি, হঠাৎ অনুভব করলাম কে যেন আমার গলার চারপাশ জড়িয়ে ধরলো। চোখ তুলে দেখলাম দীপ। আমি কিছু বলার আগেই দীপ বলল: আমার পিচ্চি বউটা রাগ করেছে দেখছি!

আমি: আমি মোটেই পিচ্চি না।

দীপ: আহা গো!

আমি কিছু না বলে মুখ ঘুরিয়ে নিলাম। দীপ মুখের সামনে একটা আইস্ক্রিমের কৌটো খুলে বলল: নে থা।

আমি: আমি খাব না।

দীপ: তাই?

আমি "হম তাই" বলার জন্য মুখ খুলতেই চামচে করে কিছুটা তুলে আমার মুখে ঢুকিয়ে দিলো। আমি বড় বড় চোখ করে ওর দিকে তাকালাম। বললাম: এটা কি হলো?

দীপ: এসে থেকে কিছু খাসনি কেন?

আমি: ইচ্ছে হয়নি তাই।

দীপ: তাই? আর মাথা ব্যাথা কেমন আছে?

আমি: তোমাকে কেন বলব?

দীপ: উম..কারণ তুই আমার বউ।

আমি: বয়েই গেছে আমার তোমাকে বলতে। যাও না যাও,লিসার কাছে যাও।

দীপ: আরে বাবা কথাটা শোন তো আমার।

আমি: দরকার নেই আমার শোনার।

দীপ: আরে আমি অফিসেই গেছিলাম।

আমি: খুব ভালো।

দীপ খানিক্ষণ চুপ করে রইল,তারপর অসহায়ের মত আমার দিকে ঠোঁট ফুলিয়ে তাকিয়ে বলল: এত রাগ কোথা থেকে আসে তোর?

আমি: হুহ।

দীপ: আচ্ছা মেরি মা,ভুল হয়ে গেছে আমার।

আমি চোখের কোন দিয়ে ওর দিকে তাকালাম।

দীপ: আর কখনো হবে না।

আমি: হ।

দীপ: নে চল খেয়ে নিবি।

আমি: হম।

দীপ: পাগলী একটা।

আমি: তুমি পাগল হলে আমাকে তো পাগলী হতেই হয়।

টেবিলে আমাদের দুজনকে দেখে মাম্মাম বলল: কি রে,তোদের ঝগড়া মিটেছে?

দীপ: আর বলো না! তোমার বৌমার যা রাগ! কোন দিন ওর রাগে আমিই না ভস্ম হয়ে যাই!

আমি: মোটেই বেশি রাগ দেখাই নি। তুমি আমাকে রাগাবে কেন?

মাম্মাম: এরপর থেকে সমস্যা হলে আমাকে এসে বলবি,আমি আচ্ছা সে বকে দেব ওকে। তুই এমন ঘর অন্ধকার করে কাঁদতে বসবি না একদম,বুঝেছিস?

আমি: হ।

একেবারে ডিনার করে নিলাম। ঘরে এসে ফোনটা চার্জ থেকে খুলে নিয়ে বিছানায় বসলাম। দীপ ল্যাপটপ নিয়ে সোফায় বসতে বসতে বলল: ফোন না ঘেঁটে ঘুমা।

আমি: হ।

আদিত্যর সাথে খানিকক্ষণ কথা হলো। ওকে গুড নাইট বলতে ও অবাক হয়ে বলল: এত তাড়াতাড়ি!

আমি হাসলাম,ওকে কি করে বলি যে আজকে বরের সাথে ঝগড়া করেছি আমি! "ক্লান্ত লাগছে" বলে অফ হয়ে গেলাম। সোফার দিকে তাকিয়ে দেখি দীপ নেই,কখন উঠে বারান্দায় চলে গেছে। আমি উঠে গিয়ে ওর পাশে দাড়ালাম।

দীপ আমাকে দেখে বলল: কি রে তুই এখানে?

আমি: তুমি এখানে কি করছ?

দীপ: না এমনিই...ঘরের ভেতরে গরম লাগছিল তাই।

আমি: আমাকে মিথ্যে বলে লাভ নেই। কি হয়েছে?

দীপ: কাল থেকে একটা ইম্পর্ট্যান্ট প্রজেক্টের কাজ শুরু হবে রে। কতদিন চলবে সেটা জানিনা। ঠিকঠাক ঘর আসতে পারব কি না তাই জানিনা। চাপটা কি করে নেব সেটা ভাবতেই তো চিন্তা হচ্ছে।

আমি: টেনসন কোরো না,ঠিক পারবে। মানুষের অসাধ্য কিছু নেই।

দীপ: হম।

আমি ওর চোখ থেকে চশমাটা খুলে নিলাম,সেটা আমার নাকের ডগায় ঝুলিয়ে বললাম: চলো ঘুমাবে চলো।

দীপ আমাকে দেখে হেসে ফেলল,বলল: চল।

পরের দিন...

কলেজে পৌঁছে অবাক হলাম,আমি এমনিই লেট করে আসি,আদিত্য আগে এসে যায়,কিন্তু আজ ও এখনো আসেনি। আসবে না নাকি! আমাকে তো বলল না কিছু! ব্যাগ থেকে ফোনটা বার করতেই বুঝতে পড়লাম আমিই সময়ের আগে ঢুকেছি। দীপের তাড়া ছিল,তাই আমাকেও তাড়া দিয়ে নিয়ে এসেছে। আমি চুপ করে বসে রইলাম। মিনিট দশেক পর আদিত্য এলো,আমাকে আগে আসতে দেখে তো ও অবাক! ডেস্ক এ ব্যাগ রাখতে রাখতে বলল: আজকে সূর্যটা কোন দিক উঠেছে বলতো? তুই এত তাড়াতাড়ি এসেছিস!

আমি: কেন আমি কি রোজ লেট করি?

আদিত্য: না লেট করিস না,তবে এত তাড়াতাড়িও আসিস না।

আমি: হম।

আদিত্য: তারপর বল,এসাইনমেন্ট কিছু শুরু করেছিস?

আমি: মাথাতেই ঢোকেনি কি করব তো শুরু করব কি করে!

আদিত্য: সেম অবস্থা ভাই সেম অবস্থা।

আমি: নে নে আর নাটক করতে হবে না,বস চুপ করে।

আদিত্য: যথা আজ্ঞা।

হাসি ঠাট্টায় দিনটা কাটলো। সত্যিই আদি পারে বটে! একটা মানুষ যে কাউকে এতটা হাসাতে পারে আমার জানা ছিল না। সারা ইউনিভার্সিটিতে একমাত্র ওর সঙ্গেই কথা হয় আমার,তাই বন্ডটা যেন স্ট্রং হচ্ছে আরো। এইসব ভাবতে ভাবতে আর কুলফি খেতে খেতে গেটের বাইরে এসেই আবিষ্কার করলাম দীপ আসেনি। ব্যাগ থেকে ফোন বার করে দেখলাম মেসেজ করেছে, একা চলে যেতে বলেছে। আদিত্য আমাকে একা একা যেতে দেখে জিজ্ঞাসা করল: কি রে, একা যাবি নাকি?

আমি: হম।

আদিত্য: আচ্ছা চল তোকে ছেড়ে দিয়ে আসি।

আমি: তাহক। আমি বাচ্চা না,যেতে পারব একা একা।

আদিত্য: সাবধানে যাস।

আমি একটা অটো আসছে দেখে উঠে পড়লাম,উবার করতে গেলে এখন অনেক্ষন দাড়াতে হবে।

খাওয়ার টেবিলে বসে ঢুলছি,দীপের এখনো দেখা নেই। সাড়ে এগারোটা বাজে। 15-20 বার ফোন করে ফেলেছি এর মধ্যে বারবারই সুইচ স্টপ আসছে। টেনসন হচ্ছে এখন রীতিমত। হঠাৎই ফোনে একটা অচেনা নাম্বার থেকে মেসেজ ঢুকল.." পৃথা,আমি দীপ বলছি। এটা লিসার নাম্বার,আমার ফোনে চার্জ শেষ হয়ে গেছে। তুই খেয়ে শুয়ে পড়,আমার ফিরতে দেরি হবে।"

ছোট্ট মেসেজ কিন্ত আমার মনটা খারাপ হয়ে গেল নিমেষেই। হঠাৎই মাথায় একটা বুদ্ধি এলো, আমি খাবারগুলো প্যাক করে নিয়ে রুমে গিয়ে চেঞ্জ করে নিলাম। এত রাত্রে উবের পাব কি না ঠিক ছিল না, কিন্ত অ্যাপে গিয়ে দেখলাম এভেইলেবেল দেখাচ্ছে। মিনিট দশেকের মধ্যেই উবের চলে এলো। মহিলা ড্রাইভার দেখে আশ্বস্ত হলাম,যতই হোক,ক্ষতি করবার লোকের ত আর অভাব নেই। মিনিট পনেরোর মধ্যেই পৌঁছে গেলাম দীপের অফিসে। অফিস শুনশান,প্রথমে মনে হলো অফিসে যেন কেউই নেই। দীপের গাড়িটা চোখে পড়তে বুঝলাম ও অফিসেই আছে। আমি দ্রুত পা চাললাম ওর কেবিনের দিকে। কেবিনের দরজা খোলাই ছিল,তাই নক না করেই দরজা থেকে ঢুকলাম ভেতরে আর ঢুকেই চমকে গেলাম,মুখ দিয়ে কথা সরল না কয়েক মুহূর্ত। দীপ আর লিসা পাশাপাশি বসে আছে,লিসার মাথা দীপের কাঁধে ন্যাস্ত,দীপের হাত দুটো শক্ত করে ধরে রেখেছে লিসার হাত। আমি কয়েক

মুহূর্ত অবাক হয়ে দাড়িয়ে রইলাম,আমাকে দেখেই অবশ্য ওরা দুজন সরে গেল একে ওপরের থেকে।

দীপ: তুই এখানে?

আমি: হম আমিই।

দীপ: দেখ তুই ভুল ভাবছিস,আমি...

দীপকে থামিয়ে দিয়ে লিসা বলে উঠল: কি সব বলছ বেবি? ওকে তুমি বলো নি যে...

আমি: কি আর বলবে,সব তো দেখতেই পাচ্ছি।

দীপ: তুই ভুল ভাবছিস,আমার কথাটা একটু শোন।

আমি: আমি জানি আমি ঠিক ভাবছি।

বাড়ি ফিরতে দেরি হচ্ছে দেখে থাবার নিয়ে এসেছিলাম,খেয়ে নিও।

বলেই আমি বাইরের দিকে পা বাড়ালাম।

ফাঁকা রাস্তায় হাঁটছি,রাতের গভীরতা বাড়ার সাথে সাথেই স্তব্ধ হয়ে গেছে ব্যাস্ত কোলাহল। চোখদুটো জলে ভিজে উঠছে বারবার,নিজেকে আটকানোর জন্য নিজের সঙ্গেই লড়াই করে চলেছি প্রতিনিয়ত। ওদেরকে একসাথে দেখার পর আমি সবচেয়ে বেশি যেটা উপলব্ধি করেছি তা হলো এই দীপকে ভালবেসে ফেলেছি। এটা তো হওয়ার কথা ছিল না! কেন হলো এমন! এমন একটা অনধিকার কাজ কেন করে বসলো আমার মন! এসব ভাবছি আর রাস্তায় হাঁটছি হঠাৎ পেছন থেকে গাড়ির হর্নের সবদ আমার ভেতরের প্রতিটা কোষকে বাড়িয়ে তুলল। আমি ঘুরে দেখলাম দীপ। দীপ আমার পাশে এসে বলল: গাড়িতে ওঠ,একা একা ফেরা সেফ না।

আমি ওর দিকে না তাকিয়ে হাঁটতে লাগলাম। দীপ আবার বলল: আমাকে জোর করতে বাধ্য করিস না।

আমি কিছু বললাম না,ওর সঙ্গে কথা বলারই ইচ্ছে নেই আমার। চুপচাপ গাড়ির দরজা খুলে উঠে বসলাম আমি।

দীপ: দেখ তুই ভুল বুঝছিস। লিসা হঠাৎ বলল ওর খুব শরীর থারাপ লাগছে... তাইই ওর পালস মাপছিলাম আমি। আর কিছু না...

আমি: আর কিছু যদি নাই থাকে তাহলে ও তোমাকে বেবি বলছিল কেন? কি আছে তোমাদের মধ্যে? যদি সত্যিই কিছু না থেকে থাকে,তাহলে ও কি করে সাহস পেলো কথাটা বলার?

দীপ: দেখ তুই ভুল বুঝছিস...

আমি ওকে থামিয়ে দিয়ে বললাম: আমার যা বোঝার আমি ঠিকই বুঝেছি, তুমি আর আমাকে বোঝাতে এসো না।

দীপ: বেশ। তোর যদি আমার থেকে ওর ওপরই বেশি বিশ্বাস থেকে থাকে তাহলে আমি আর একটা কথাও বলব না। তুই যা ভাবছিস তাইই সত্যি।

আমি অসহায় দৃষ্টিতে ওর দিকে তাকালাম, আমি অনেক আশা রেখেছিলাম দীপ আমার ধারণাটা ভুল প্রমাণ করে দেবে,কিন্তু ও তো...

বাড়ি চলে এসেছিল,দীপের গাড়ি থামতেই আমি নেমে দৌড়ে গিয়ে ঘরে ঢুকলাম। রুমে ঢুকে আর সামলাতে পারলাম না নিজেকে কাঁদতে কাঁদতে বসে পড়লাম নিচে। কেন আমার সঙ্গে হচ্ছে এমন? কেনো? কি দোষ করেছি আমি? কেন বারবার আমার সাথেই এমন হয়? কেন???

পায়ের শব্দ শুনে বুঝলাম দীপ পাশের ঘরে গিয়ে ঢুকল। ওটা ওর স্টাডি,ওর রুমই বলা চলে। আমি দুহাতে মুখ চেপে কাঁদতে লাগলাম।

পরের দিন...

সকালে উঠে নিজেকে বিছানার ওপর আবিষ্কার করলাম। মাথাটা প্রচন্ড ব্যাথা করছে। ধীরে ধীরে মনে পড়লো কালকের কথা। আমি তো নিচে ছিলাম,আমাকে ওপরে কে তুলল? দীপ?

আমার ভাবনার মধ্যে বিচ্ছেদ ঘটিয়ে দীপ ঘরে ঢুকল। কোর্টের হাতা ঠিক করতে করতে বলল: নিচে ঘুমানোর সখ হয়েছিল যখন একটা চাদর পেতে নিলেই পারতে। আমাকে যদি ওয়েট লিফটার বলে মনে করে থাকো তাহলে ভুল করছ,আমি রোজ রোজ তোমাকে নিচ থেকে ওপরে তুলতে পারব না। তাই এরপর থেকে নিজের ব্যাবস্থা নিজেই করে নিও।

বলেই দীপ বেরিয়ে গেল,আমি অবাক হয়ে ওর যাওয়ার পথের দিকে তাকিয়ে রইলাম। আমাকে তুমি করে বলছে!

দেখতে দেখতে গোটা একটা সপ্তাহ কেটে গেল,কিন্তু দীপ আর আমার সম্পর্কের মধ্যে কোন উন্নতি নেই। ও সকাল আমি ওঠার সাথে সাথেই বা আমি ওঠার আগেই বেরিয়ে যায়,আবার ফেরে রাত্রে সাড়ে 12 টা 1 টার দিকে। রোজ ওর জন্য জেগে বসে থাকি আমি,কিন্তু গ্রাহ্যই করে না আমাকে। আসে,খায়,ঘুমিয়ে পড়ে পাশের ঘরে। আমিও বালিশে মুখ গুঁজে কাঁদতে কাঁদতে ঘুমিয়ে পড়ি কখন যেন।

বারান্দায় দাড়িয়ে এসবই ভাবছিলাম এমন সময় দীপ এলো। ও পাশের ঘরে এসে ঢুকতে আমি ঘর থেকে বেরোলাম,উদ্দেশ্য খাবার বেড়ে দেওয়া। ডাইনিং রুমে এসে দেখি ঠিক আগের মত কোট চেয়ারে ঝুলিয়ে রেখে চলে

গেছে ও। এই এক স্বভাব,এত দিনেও চেঞ্জ হলো না! কোট টা তুলতে গিয়ে হঠাৎই আমার চোখ পড়ল কলারের দিকে। লাইট ব্রাউন করত,তাই কলারের কাছে মেরুন রঙের লিপস্টিকের দাগটা স্পষ্ট বোঝা যাচ্ছে। আমি কোটটা হাতে নিয়ে দাড়িয়ে রইলাম,জলে ভরে উঠছে আমার চোখ দুটো।

দীপ কখন এসে দাঁড়িয়েছে বুঝতে পারিনি। ওর চেয়ার টানার শব্দে আমার সম্বিত ফিরলো,সাথে সাথেই দুফোঁটা তপ্ত জল গড়িয়ে পড়লো গাল বেয়ে। দীপের অবশ্য সেদিকে নজর নেই, ও প্লেটে খাবার বাড়তে ব্যস্ত। আমি একবার ওর দিকে তাকিয়ে কোটটা ওখানেই ফেলে রেখেই ঘরে চলে এলাম। রুমে এসে কাঁদতে কাঁদতে বিছানার ওপর বসে পড়লাম আমি। লিসার কথাই তাহলে ঠিক! দীপ...

পরের দিন...

যথারীতি সকালে উঠে দেখলাম দীপ চলে গেছে। ফ্রেস হয়ে ইউনিভার্সিটির জন্য তৈরি হয়ে নিলাম। মাম্মাম নেই,আবিরদাদের বাড়ি গেছে সপ্তাহ খানেকের জন্য। কোনরকমে পাউরুটি সেকে খেয়ে নিলাম। একটু আগেই বেরোলাম, অটো পাওয়া যায়না সব সময়। সৌভাগ্য বশত বেশিক্ষণ দাড়াতে হলো না,মিনিট পাঁচেকের মধ্যেই একটা অটো পেয়ে গেলাম। আদিত্য আজ আসবে না,কি সব কাজ আছে নাকি ওর। কে জানে কি ব্যাপার!

কলেজে ঢুকে নিজের ডেস্কে গিয়ে বসলাম। ক্লাস হতে লাগলো,কিন্তু পাশটা যেন বড্ড বেশি খালি কালো লাগতে লাগলো। আসলে এই প্রথম ইউনিভার্সিটি বন্ধ করলো আদিত্য,সেই শুরুর দিন থেকে। একটু মন খারপা নিয়েই ক্লাস করতে লাগলাম আমি। দীপের সাথে ঝামেলা হওয়ার পর থেকে একমাত্র ওর সঙ্গেই ঠিকঠাক কথা হয় আমার। লাস্টে প্র্যাকটিক্যাল ক্লাস ছিল,টিচার না আসায় আগেই ছুটি হয়ে গেল। দুপুর আড়াইটার সময় অটো পাওয়া শক্ত, তাও এই কাঠ ফাটা রোদুরে। ছাতাটাও তাড়াহুড়োয় ফেলে এসেছি আজ। রাস্তার ধার ধরে হাঁটা শুরু করলাম। হঠাৎই মনে পড়লো কলেজের পেছনের গলি দিয়ে একটা শর্টকাট আছে। আমি ওই রাস্তাতেই যাব ঠিক করলাম। বড়বড় বাড়ির মাঝে নির্জন ছায়া ঢাকা পথ। আমি দ্রুত পায়েই

হাঁটা শুরু করলাম। মিনিট পাঁচেক হাঁটার পর হঠাৎ মনে হলো একই আমাকে ফলো করছে। আমি অবাক হলাম,আমাকে কে ফলো করবে! এইসব ভাবতে ভাবতে আর বারবার পেছনের দিকে তাকিয়ে হাঁটছি এমন সময় কিছু একটার সাথে ধাক্কা লাগল আমার। সামনে তাকিয়েই চমকে গেলাম,শাওনদা!

শাওনদার দিকে তাকিয়েই বুঝলাম প্রকৃতস্থ নয় ও,রীতিমত টলছে। আমার দিকে তাকিয়েই থপ করে আমার একটা হাত ধরে ফেলে বলল: এবার কোথায় জাবি?

আমি হাতটা ছাড়ানোর চেষ্টা করতে করতে বললাম: কি বলতে চাইছ?

শাওনদা: আমি তোর কাছে পারমিশন চেয়েছিলাম,তুই দিসনি, এবার আমি সেটা জোর করে আদায় করব। কেউ বাঁচাতে আসবে না এখন তোকে,কেউ না।

আমি ওর অসংলগ্ন পদক্ষেপের সুযোগ নিয়ে ওকে ঠেলে দিয়ে দৌড়াতে শুরু করলাম। বুঝলাম ও একা না,আরো কয়েকজন আছে ওর সাথে,যারা আমার পেছনে দৌড়াচ্ছে। আমি বেশ খানিকটা দৌড়ে গিয়ে বহু কষ্টে একটা পাঁচিলের গায়ে নিজেকে আড়াল করলাম। ব্যাগ থেকে ফোনটা বার করলাম,কি করব বুঝতে পারছি না। দীপের নাম্বারে কল করলাম,প্রথম দুবার কেটে গেলেও সৌভাগ্য বশত তৃতীয়বার ও ফোনটা রিসিভ করল। আমি যতটা সম্ভব নিচু গলায় বলার চেষ্টা করলাম: হ্যালো দীপ..

দীপ আমাকে কিছু বলতে না দিয়েই বলল: আমি মিটিংয়ে আছি পৃথা, পরে কথা বলব। বাই।

বলেই কলটা ডিসকানেক্ট করে দিলো। আমি কিছু বলার সুযোগই পেলাম না। কয়েক মুহূর্ত হতভম্ব হয়ে দাড়িয়ে থেকে আমি আদিত্যকে ফোন করলাম। বার দুয়েক রিং করার পরই ও কল রিসিভ করলো।

আমি: হ্যালো আদি,হেল্প মি,প্লিজ।

আদিত্য: কি হয়েছে? কোথায় তুই?

আমি: কলেজের পেছনের গলিতে। কয়েকজন আমাকে তাড়া করছে..প্লিজ বাঁচা আমাকে।

আদিত্য: আমি কাছাকাছিই আছি,যাচ্ছি দাড়া...ফোনের লোকেশনটা অন করে রাখ।

আমি ওর কথা মত ফোনের লোকেশন অন করে দিলাম। পায়ের শব্দ এগিয়ে আসছে দ্রুত। নিশ্বাস বন্ধ করে দাড়িয়ে রইলাম আমি। প্রতিটা সেকেন্ড ঘন্টার মত মনে হচ্ছে। বাইকের আওয়াজ পেয়ে আমি সচকিত হয়ে উঠলাম। আদিত্য এসে দাড়ালো সামনে,আর প্রায় সহ্য সাথেই শাওনদাও বেরিয়ে এলো দেওয়ালের ওপাশ থেকে। আমার দিকে এগিয়ে আসতে আমি একটা এলোপাথাড়ি ঘুষি বসিয়ে দিলাম ওর মুখের ওপরে। তারপর উঠে পড়লাম আদিত্যর বাইকে। এক মিনিটে 50km/hr স্পিড তুলে সেখান

থেকে বেরিয়ে এলাম আমরা। আদিত্যর বাইক এসে থামলো বাড়ির সামনে। আমার কিছু বলার মত অবস্থা নেই এখন, তাও কোন মতে thanks জানিয়ে ভেতরে যাব,এমন সময় আদিত্য বলল: তোকে একটা কথা বলার ছিল।

আমি ওর দিকে ঘুরে তাকাল,চোখের চাহনিতে প্রশ্ন করলাম: কি?

আদিত্য: আমি ইউনিভার্সিটি ছেড়ে দিয়েছি।

আমি অবাক হয়ে বললাম: কেন?

আদিত্য: বাড়ির ওখানের ইউনিভার্সিটিতে পড়ব রে,এখানের খরচ চালানো সম্ভব হচ্ছে না। আজকে রাত্রের ট্রেনেই চলে যাব। তোর সঙ্গে হয়ত আর দেখা হবে না...ভালো থাকিস।

আমি অবাক হয়ে দাড়িয়ে রইলাম,আদিত্য বেরিয়ে গেলো।

আমি ঘরের ভেতরে ঢুকে ব্যাগটা একপাশে ফেলে দিয়ে ওয়াসরুমে ঢুকে গেলাম। চোখ দুটো বাঁধ মানছে না আর। কেন হচ্ছে আমার সাথে এমন? সাওয়ার টা খুলে দিলাম, বালতিতে ভর্তি করা জলের মধ্যে মুখ ডুবিয়ে বুকের মধ্যে আটকে থাকা কষ্টের পাথরগুলোর শব্দরূপকে তরঙ্গের মত ছড়িয়ে দিলাম জলের মধ্যে।

কতক্ষন ওভাবে সাওয়ারের তলায় বসেছিলাম জানিনা। হঠাৎ মনে হলো ফোন বাজছে। আমি সাওয়ারটা বন্ধ করে দিয়ে একটা টাওয়েল দিয়ে নিজেকে একটু মুছে নিয়ে বাইরে এলাম। টেবিল থেকে ফোনটা তুলে দেখলাম বিপু। আমি চেঞ্জ করে নিয়ে কল রিসিভ করলাম।

আমি: হ্যালো...

বিপু: হ্যালো,কোথায় তুই?

আমি: বাড়িতে।

বিপু: ঠিক আছিস।

আমি: আমি ঠিক থাকি বা না,তাতে কার কি আসে যায়?

বিপু: কি হয়েছে রে? তোর গলাটা এরকম লাগছে কেন? কেউ কিছু বলেছে?

আমি: না কিছু হয়নি।

বিপু: কিছু তো হয়েছে। এই,কি হয়েছে?

আমার জোরাজুরির এতটুকুও ইচ্ছে ছিল না,আমি ক্লান্ত ভাবেই সব বললাম ওকে। সাথে এটাও বললাম যে এখানে আর থাকব না, যে বাড়িটাতে আমার কোন মূল্যই নেই সেখানে আমার থাকার কোন মানে হয়না।

বিপু: এমন হঠকারিতায় সিদ্ধান্ত নিস না। দীপদা হয়ত কোন কাজে ছিল,ইম্পর্ট্যান্ট কাজে। ও আসুক,ওর সাথে কথা বলে না হয় তারপর সিদ্ধান্ত নিস। প্লিজ পৃথা, হঠকারিতা করিস না।

আমি: হম।

কল ডিসকানেক্ট করে দিয়ে আমি সুটকেস বার করে তার মধ্যে দরকারি জিনিস পত্র ভরে নিলাম। কোথায় যাচ্ছি জানিনা,তবে এখানে আর আমি থাকব না। বাড়িও যাব না,কারণ ওখানে গেলেই আবার এখানে আসার জন্য চাপ দেবে। ব্যাগ গুছিয়ে এক পাশে রেখে চেঞ্জ করে নিলাম। বিছানার ওপর এসে বসেছি এমন সময় নিচে গাড়ির আওয়াজ হলো। ঘড়ির দিকে তাকিয়ে দেখি সাড়ে 5 টা বাজে। বাবাহ! আজ এত জলদি!

মিনিট পাঁচেক পর দীপ এসে ঢুকলো ঘরে। আমাকে বসে থাকতে দেখে বলল: তুই জানিস না অফিসে আমার কাজ থাকে? কল কেটে দিচ্ছি মানে নিশ্চয়ই বিজি আছি,বারবার কল করার মানেটা কি? লোকের বাইকের পেছনে ঘোরা ছাড়াও আমার অনেক কাজ আছে বুঝেছিস?

আমি কয়েক সেকেন্ড ওর দিকে তাকিয়ে রইলাম,কি বলব বুঝতে পারছি না। নিজেকে সামলে নিয়ে বললাম: তোমার কি মনে হয় এমনিই ফোন করেছিলাম আমি তোমাকে? নিশ্চয় বিপদে পড়েছিলাম বলেই করেছিলাম? আর যার বাইকের পেছনে তুমি আমাকে দেখেছ তাকে তোমার ধন্যবাদ দেওয়া উচিত,সে ছিল বলেই আজ এখানে সুস্থ সবল ভাবে আমাকে দেখতে পাচ্ছ তুমি।

দীপ: শুনি একটু কি বিপদে পড়েছিলি।

আমি উঠে দাড়ালাম,বললাম: তোমার কাছে কেন জবাব দিহি করব আমি? যখন আমার তোমাকে প্রয়োজন ছিল তখন কোথায় ছিল তুমি? লিসার সঙ্গে কোন প্রাইভেট মিটিংয়ে? যাও তাহলে সেটা কন্টিনিউ করো। তোমাকে জানতে হবে না। কি হয়েছে, কেন হয়েছে। জানার অধিকার নেই তোমার। আজ থেকে আমাদের রাস্তা দুটো আলাদা। তোমার সাথে থাকার কোন ইচ্ছা নেই আমার। ভালো থেকো তোমার লিসার সাথে।

দীপ কিছু বলার আগেই আমি সুটকেসটা নিয়ে নিচে নেমে এলাম। ছোট সুটকেস তাই টানতে বিশেষ অসুবিধে হচ্ছে না। রাস্তায় হাঁটতে হাঁটতে কোথায় যাব ভাবছি এমন সময় মনে পড়লো আদিত্য তো ওর বাড়ি যাচ্ছে আজ,ওর যদি সমস্যা না থাকে তাহলে আমিও চলে যাব ওর সাথে। পকেট থেকে ফোনটা বার করে ওকে ফোন করলাম আমি। বার তিনেক রিং হওয়ার পরই

কল রিসিভ করলো ও।

আমি: হ্যালো..

আদিত্য: হম বল।

আমি: তোর ট্রেন কটায়?

আদিত্য: সাড়ে 4 টা।

আমি: আমার জন্য একটা টিকিট কেটে দিবি?

আদিত্য: মানে? তুই আমার সাথে জাবি? কেন?

আমি: আমার এখন এত প্রশ্নের উত্তর দিতে ইচ্ছে করছে না। পারবি কি তুই?

আদিত্য: হম কেটে নিচ্ছি।

আমি: thanks, স্টেশনে দেখা হচ্ছে। বাই।

আদিত্য: বাই।

আমি কলটা ডিসকানেক্ট করে দিয়ে কলেজের দিকে হাঁটা লাগলাম। কলেজে পৌঁছে টিসির জন্য এপ্লাই করলাম। দীপের জন্য প্রিন্সিপাল আমায় চিনতেন,তাই বিশেষ সমস্যা হলো না। ওনার একটু তারাও ছিল,তাই কোন প্রশ্ন করলেন না উনি। কলেজ থেকে বেরিয়ে অটো ধরে স্টেশনের দিকেই আমার গন্তব্য ঠিক করলাম আমি।

দেখতে দেখতে ট্রেন আসার সময় চলে এলো। এরমধ্যে আদিত্য প্রায় পঞ্চাশ বার আমাকে জিজ্ঞাসা করেছে,এই উত্তর দিই নি,দিতে চাইনা আমি। ফেলে যাচ্ছি যত শত স্মৃতি, সব ভিড় করছে মনের মধ্যে। ট্রেনে উঠে ব্যাগপত্র সিটের তলায় ঢুকিয়ে জানলার পাশে গিয়ে বসলাম, কম্পার্টমেন্টটা অপেক্ষাকৃত খালি, হয়ত রাত বাড়ছে বলেই। পরে টিকিট কাটার জন্য এক কম্পার্টমেন্টে হয়নি আমাদের। ওর সিট পাশের কম্পার্টমেন্টে। জানলার ধারে বসে দূরে অন্ধকারের গায়ে জ্বলা আলোগুলোর দিকে তাকাতে তাকাতে ভাবলাম পেছনে ফেলে যাচ্ছি কত হাসি,কত কান্না কত স্মৃতি, কত পড়ন্ত বিকেল,কত কফির কাপে মিশে থাকা নরম ভালোবাসা। ফেলে যাচ্ছি কত ভালোলাগা, কত ভালোথাকা। এটা কি শুধুই অভিমান? নাকি অভিমানের পরদে জমা অধিকার হারানোর ভয়? প্রিয় মানুষটাকে হারানোর ভয় নাকি তার ব্যাবহারে পাওয়া কষ্ট? এ কষ্ট কি শুধুই রাতের অন্ধকারের মত গভীর নাকি শরতের আঙ্গের লালাভার মত রাগ,অভিমান মিশে আছে এতে? স্মৃতির ভারে ভারী জলকণা ভরা মেঘ যেন একশ ছেড়ে ঘর পাতিয়েছে আমার চোখের কোল জুড়ে,বর্ষা আজ আমার গালে রোপন করছে একাকীত্বের বীজ।

ছেড়ে যাওয়ার কষ্টের সাথে যেন পাল্লা দিচ্ছে অভিমান ভরা চোখের ভাষা,যেগুলো হয়ত কেউ কখনো বুঝতেই চায়নি! আচ্ছা ভবিষং কি আমাদের? সত্যি কি আমার স্বপ্নের সংসার ভেঙে গেল? সত্যিই কি মি ব্ল্যাক অবসেসড আর ভাববে না আমার কথা? হয়ত না।একসাথে কাটানো দিনগুলো হয়ত স্মৃতির বন্ধ ডাইরিতে থেকেই কাঁদিয়ে যাবে আমায় কোন এক একলা বিকেলে....

কে জানে কে দিলো সেই অমানিশার ডাক,

কাছাকাছি থেকেও মাঝে লক্ষ্য যোজন ফাঁক।

দীপ-পৃথার গল্প কি শেষ এখানেই? ভুল বোঝাবুঝি কি সত্যিই শেষ করে দেবে সব কিছু? নাকি ভুল শুধরে নিয়ে আবার কাছে আসবে ওরা? আদিত্যই কি হয়ে উঠবে পৃথার জীবনের 'prince charming?' দীপ কি নতুন পথ চলা শুরু করবে লিসার হাত ধরে?

জানতে হলে চোখ রাখুন পরের সিজনে।

9 798888 692523